젊은 세대를 위한 신학 강의 3
탈출의 하나님

젊은 세대를 위한 신학 강의 3
탈출의 하나님

2006년 10월 18일 초판 1쇄 발행

펴낸곳 (주)도서출판 **삼인**

지은이 이현주
펴낸이 신길순
부사장 홍승권
책임편집 김종진
편집 최인수 강주한 양경화
마케팅 이춘호
관리 심석택
총무 서민아

등록 1996.9.16. 제10-1338호
주소 121-837 서울시 마포구 서교동 339-4 가나빌딩 4층
전화 (02) 322-1845
팩스 (02) 322-1846
E-MAIL samin@saminbooks.com

표지디자인 (주)끄레어소시에이츠
표지그림 Julius Schnoor von Carolsfeld, 〈Jesus Appears to Thomas〉
제판 문형사
인쇄 대정인쇄
제책 성문제책

ⓒ 이현주, 2006

ISBN 89-91097-53-7 04230
ISBN 89-91097-54-5 (세트)
ISBN 978-89-91097-53-7
ISBN 978-89-91097-54-4 (세트)

값 9,000원

젊은 세대를 위한 신학 강의 3
탈출의 하나님

이현주 지음

삼인

일러두기

1. 이 책은 1991년에서 1993년까지 3년에 걸쳐 펴낸 『젊은 세대를 위한 신학 강의』 1, 2, 3권을 개정하여 출판한 것입니다.
2. 본문에 인용된 성경은 개역개정판(2003년 3월 20일 판)입니다.

개정판을 펴내며

그동안 절판되었던 『젊은 세대를 위한 신학 강의』를 손질하여 펴냅니다. 15년 만에 다시 읽어보니 생각의 큰 얼개는 그때나 지금이나 별로 다를 게 없습니다만, 자세한 표현에서는 지나치고 모자란 구석이 꽤 있어서 많이 미안하고 부끄러웠습니다. 하여, 고친다고 고쳐보았는데 여러분이 읽으시기에는 어떨는지 모르겠군요.

하나님이 사람들에게 많은 선물을 주셨지만, 생각할 수 있는 머리야말로 으뜸으로 좋은 선물이라 하겠습니다. 사람이 자기 머리로 생각할 수 있다는 것만큼 귀하고 소중한 보물이 있을까요?

이 책은, 물론 제 생각을 펼쳐놓은 것입니다만, 여러분에게 그것을 강요하거나 꼭 이렇게 생각해야 한다고 주장하는 것은 결코 아닙니다. 오히려 여러분 스스로 질문하고 대답하면서 생각해볼 수 있도록 도움이 된다면 저로서는 더 바랄 것이 없겠습니다.

제일 먼저 쓴 『예수의 삶과 길』에서는 그리스도교의 알파요 오메가이신 예수 그리스도의 삶과 가르침을 정리해보았습니다.

예수 그리스도, 그분을 제대로 알고 그 가르침을 몸으로 실천하는 것이야말로 그리스도인의 모든 것이라 하겠습니다.

그 다음에 쓴 『그리스도의 몸, 교회』는 '교회론'이 되겠습니다. "교회는 그리스도의 몸"이라고 한 바울의 말에 기대어, 오늘 참된 교회로 존재하는 길이 어디에 있는지를 찾아보았습니다.

『탈출의 하나님』에서는 해방(탈출)을 신·구약성경의 주제로 보는 관점에서 모세와 히브리족의 출애굽 이야기를 다루어 보았습니다. '출애굽 이야기'는 옛날 팔레스타인에서 일어난 역사적 사실이면서, 오늘 우리에게서도 실현되어야 하는 현실적 과제입니다.

아무쪼록, 허물 많은 책이지만, 잘못된 물질지상주의를 극복하고 사람이 사람답게 살아가는 새로운 문명을 건설해야 할 오늘 이 땅의 젊은이들에게 조금이나마 도움이 되기를 바랍니다.

하나님과 예수님과 성령님의 은총으로 여러분의 삶이 건강하고 행복해지기를 빌면서……

2006년 9월 이현주

차례

— 탈출의 하나님

개정판을 펴내며   5
첫 번째 강의 | 영원한 주제, 탈출   9
두 번째 강의 | 역사와 역사의 주인공   19
세 번째 강의 | 모세, 해방의 씨앗   37
네 번째 강의 | 뱀 꼬리를 잡아라   55
다섯 번째 강의 | 탈출의 참목적   67
여섯 번째 강의 | 새로운 질서를 향하여   83
일곱 번째 강의 | 오직 전진하라!   97
여덟 번째 강의 | 유랑 사십 년   109
아홉 번째 강의 | 모세와 하나님의 법   125
열 번째 강의 | 불공평한 세상?   139
열한 번째 강의 | 형들 손에 팔려간 아우   159
열두 번째 강의 | 다시 부둥켜안은 형제들   179
열세 번째 강의 | 야곱의 길, 이스라엘의 길   201
열네 번째 강의 | 내가 보여줄 땅으로 가거라   229
열다섯 번째 강의 | 위대한 믿음의 승리   253

첫 번째 강의
영원한 주제, 탈출

구약은 인간과 하나님이 서로 찾고 서로 헤어지고 다시 찾아다니는 그런 대하드라마라고 할 수 있어. 물론 서로 불꽃처럼 부딪쳐 만나는 아찔한 순간도 있지. 그러나 대개는 서로 찾고 서로 숨는, 꼭 무슨 숨바꼭질이라도 하는 듯한 그런 모습이 구약에 그대로 그려져 있어.

⚜

　　　구약은 신약에 견주어 크기도 크고 폭도 넓은 편이야. 그 안에는 사람이 만들어낼 수 있는 온갖 이야기와 노래가 사람이 만들어낼 수 있는 온갖 틀(문학) 속에 담겨 있어. 그래서 처음 읽는 사람은 그 크기와 넓이에 주눅이 들어 몇 장 읽다 말고 그만 덮어버리곤 하지. 그렇지만 구약은 태산과도 같아서 그 안에 일단 들어가 보면 갖가지 보물도 발견하고 이런저런 묘미도 맛볼 수 있단다.

　우리 이제부터 그 보물을 찾고 그 맛을 즐겨보도록 하자. 그러나 처음부터 설치고 건방을 떨어서는 안 돼. 큰 산일수록 자칫 잘못하면 길을 잃기 쉽거든. 우리가 구약 같은 큰 책을 읽을 때에는 특히 길을 잃고 헤매다가 제풀에 지치는 일이 없도록 조심하지 않으면 안 된다.

　좋은 등산로는 산의 온갖 경치를 구경할 수 있는 곳으로 사람을 이끌어 마침내 꼭대기에 닿도록 하는 그런 길이 아니겠니? 구약을 읽을 때 우리는 그런 좋은 길을 찾아서 읽을 필요가 있어. 그리고 어떤 한 길을 택했으면 중간에서 다른 길로 바꾸지 말고 내처 그 길로 꼭대기까지 가는 게 올바른 등산 방법이듯이 책을 읽을 때에도 그래야 해.

이번에 우리는 구약을 읽는데 거기 나오는 사람들의 발자취를 더듬는 그런 방법으로 읽어볼까 한다. 유명한 족장 아브라함부터 선지자 말라기에 이르기까지 구약에는 헤아릴 수 없이 많은 '주인공'들이 등장하지. 그들이 남긴 발자취를 더듬어보면서 그 발자취가 오늘 우리에게 무엇을 가르치고 무엇을 일러주는지 귀 기울여 들어보는 거야. 그러다보면 그들이 마침내 가 닿았던 저 큰 산의 꼭대기에 우리도 한번 서볼 수 있지 않겠니? 어디 그뿐이겠어? 그들이 맛봐야 했던 쓰라린 좌절과 고통을 새삼 돌아보는 동안, 이 답답하고 어두운 시절에 쓰러지지 않고 끝까지 이겨낼 어떤 용기와 슬기도 배울 수 있겠지. 아무튼 성경을 함께 읽을 수 있다는 건 얼마나 좋은 일인지 모르겠구나.

이런 좋은 기회를 마련해주신 우리 아버지 하나님께 먼저 감사드리자.

사람 이야기 곧 하나님 이야기

구약은 거대한 이야기보따리라고 해도 그다지 틀린 말은 아닐 거야. 그 이야기 속에는 노래도 있고, 말 그대로 옛날이야기도 있고, 논문도 있고, 드라마도 있고, 속담 모음도 있고, 회고담도 있는데 신통하게도 그 모든 이야기 속에는 언제나 두 기둥이 있단다. 절간에 가면 일주문이라고 해서 기둥 두 개로 버틴 대문이 있잖니? 구약은 두 기둥으로 세운 거대한 이야기라고 할 수 있는데 그 두 기둥의 하나는 인간이고 다른 하나는 하나님이야. 인간 없는 이야기가 있을 수 없다는 건 새삼 말할 것도 없지만 하나님이 없었다면 '구약'이라는 위대한 책은 태어나지도 못했을 게다.

구약은 인간과 하나님이 서로 찾고 서로 헤어지고 다시 찾아다니는 그런 대하드라마라고 할 수 있어. 물론 서로 불꽃처럼 부딪쳐 만나는 아찔한 순간도 있지. 그러나 대개는 서로 찾고 서로 숨는, 꼭 무슨 숨바꼭질이라도 하는 듯한 그런 모습이 구약에 그대로 그려져 있어. 그러니 간추려 말하면 구약이란 사람을 찾는 하나님과 하나님을 찾는 사람의 모습을 보여주는, 움직이는 무대와도 같다고 할 수 있겠구나. 구약에 나오는 숱한 주인공의 인간다운, 너무나도 인간다운 이야기는 사실 너무나도 하나님다운 하나님의 모습을 비춰주는 거울 같은 것이거든.

이제 좀더 자세히 말해보기로 하자. 방금 구약에 나오는 여러 사람의 발자취를 더듬어보자고 했는데 그 발자취란 무턱대고 정처 없이 이곳저곳을 헤매기만 한 발자취가 아니라 어느 한곳을 바라보고 나간 발자취라는 사실을 기억해둘 필요가 있어. 그 한곳이 어딜까? 내 생각에 그 한곳이란 '하나님'이 계신 곳 또는 하나님 바로 그분이야. 그러니 결국 구약이란 하나님 계신 곳에 이르고자, 또는 하나님 그분과 하나 되고자 오르고 또 오르는 사람들에 관한 산 기록이라고 할 수 있을 게다.

그것은 곧 행진이지. 한곳에 머물러 있기를 거부하는 몸짓! 떠나고 다시 떠나는 나그네 발길! 생각만 해도 가슴 설레지 않니? 행진은 물론 방황과 달라. 방황이 행진의 한 부분일 수는 있겠지만 방황에서 방황으로 끝난다면 그건 결코 행진일 수 없지. 구약은 행진하는 인간의 이야기야. 어디에서 어디로?

출애굽기가 바로 이 질문에 명쾌한 답을 주지. '애굽에서 가나안으로!' 이스라엘(하나님 백성)이 애굽을 떠나 자기네 본향인 가나안으로 행진하는 이야기에 사람들은 탈출(脫出, Exodus)이라는 이름을 붙였는데, 바로 이 '탈출'이라는 감격스런 단어가 구약 전체, 아니 예수님한테까지 이어져 마침내 완결되는 성경 전체의 영원한 대주제라고 할 수 있어.

탈출의 하나님

그러니까 '탈출'이라는 단어를 출애굽기는 물론이요 성경 전체의 주제로 보아 이제부터 구약에서 사람들이 어떻게, 어디로 탈출을 하는지, 그걸 살펴보자는 거다. '탈출'이라고 이름 붙은 등산로를 따라 구약이라는 산의 꼭대기까지 올라가 보는 거야. 성경에서 하나님은 기회가 있을 때마다 당신 자신을 '탈출의 하나님'으로, 당신 백성에게 탈출할 것을 명령하시고 그 탈출을 도와 목적지까지 이끄시는 하나님으로 나타내시는 걸 볼 수 있어.

"나는 너를 애굽의 땅, 종 되었던 집에서 인도하여낸 네 하나님 여호와니라."(출애굽기 20:2) 하나님이 모세를 통해 이스라엘에 법을 주시면서 그 첫머리에 하신 말씀이 바로 이 말씀이야. 내가 이제 너희에게 법(십계명)을 주는데 너희에게 법을 주는 나는 너희를 애굽에서 이끌어낸 '탈출의 하나님'이라는 그런 얘기지. 다른 말씀으로도 얼마든지 당신 자신을 소개하실 수 있었을 텐데(예컨대, "나는 공평무사한 하나님이다" 또는 "나는 천지를 창조한 하나님이다") 어째서 하필 '너희를 탈출시킨 하나님'이라고 하셨겠니? 이제부터 너희에게 주는 새로운 법이 '출애굽'이라는 역사적 사건과 떨어질 수 없는 관계를 맺고 있으며, 만일 '탈출'이 없다면 너희가 지켜야 할 '법'도 있을 수 없다는 그런 뜻 아니었을까?

　우리는 보통 '탈출'이라고 할 때 어디서 도망쳐 나오는 것만 생각하기 쉬운데 성경이 말하는 탈출은 '어디서' 나오는 것과 '어디로' 향해 가는 것, 이 두 가지 의미를 함께 지닌단다. 하기는 모든 탈출이 다 그렇지만. 그러니까 애굽과 가나안은 탈출이라는 직선의 양쪽 끝점이라고 할 수 있어. 무릇 선(線)이란 두 점이 있어야 존재하는 것 아니냐? 애굽만 있고 가나안이 없다면 이스라엘의 '출애굽'은 불가능한 거지. 애굽 없는 가나안은 있을 수 없고, 가나안 없는 애굽도 있어서는 안 되는 것이거든. 이 말을 좀 다르게 표현한다면 이 세상 없이는 천국도 없고, 천국 없이는 이 세상도 없다는, 그런 말이 되겠지.

직선 위의 나그네

　　　　　🖎 우리는 이 두 끝점 사이의 팽팽한 선 위에서 길을 가는 나그네란다. 그냥 막연하게 길 위를 서성거리는 게 아니라 이 세

상에서 천국으로, 기슭에서 꼭대기로, 노예와 굴종에서 해방과 자유인으로 나아가는 거야. 이 세상에서 천국으로 간다는 말을 죽어서 천당 간다는 말로 알아들으면 곤란해. 나중에 거듭 얘기할 기회가 있겠지만, 그것은 하나님 나라를 이 땅에 실현하고자 사람이 할 수 있는 모든 선한 노력을 기울이는 것을 말한단다. 결코 머릿속에서 생각으로만 이루어지는 어떤 관념이 아니야. 하루하루 살아가는 삶의 터에서 아주 구체적으로 실천되는 현실이지. 그러기에 참된 탈출이란 지구상의 어느 점에서 다른 점으로 평면 이동하는 것이 아니라 한 사람이 새로운 사람으로 거듭나는 것, 어떤 사회가 새로운 사회로 변혁되는 것, 낡은 나라가 새로운 나라로 바뀌는 것, 그래서 이윽고 하늘 뜻이 하늘에서처럼 이 땅에서도 이루어져 '그 나라'가 임하는 것을 뜻한다고 봐야 해. 그러기에 출애굽은 이스라엘 민족이 요단강 건너편 가나안에 정착함으로써 완결된 것이 아니라 지금도 계속되는 현재 진행형 사건이요 미래 완료형 사건이지.

조금 전에 애굽 없이는 가나안도 없고, 가나안 없이는 애굽도 없다고 한 말을 잘 생각하여 되새겨보기 바란다.

예를 들어 말하면, 산기슭 없는 꼭대기 없고, 꼭대기 없는 산기슭 또한 없다는 그런 말이야. 땅이 있어서 하늘이 있고, 또 하늘이 있어서 땅이 있는 거니까. 하늘과 땅처럼 애굽과 가나안은 서로 떨어져서는 존재할 수 없는 사이란다. 이쪽 없으면 저쪽도 없는 거야. 그러나 애굽은 애굽이고 가나안은 가나안이지. 우리는 애굽을 떠나 가나안으로 가는 탈출 백성으로서 이 점을 늘 명심할 필요가 있어.

사도 바울은 골로새 교회에 보낸 편지에다가 이렇게 썼지.

그러므로 너희가 그리스도와 함께 다시 살리심을 받았으면 위의 것을 찾으라 거기는 그리스도께서 하나님 우편에 앉아 계시느니라 위의 것을 생각하고 땅의 것을 생각하지 말라(골로새서 3:1~2).

제발이지 이 말을, 죽은 다음 갈 천당 생각만 하면서 세상일은 등지고 살아가라는 말로 오해하지 마라. 그것은 바울의 말을 거꾸로 알아듣는 거야. 한마디로, 바울의 이 말은, 일단 탈출의 길에 들어섰으니 다시는 뒤돌아보지 말고 앞만 향하여 나가라는, 애굽 종살이로 되돌아갈 생각 말고 해방과 자유의 땅 가나안만 바라보고 행진 또 행진하라는 그런 뜻이야. 예수님도 쟁기를 잡고 뒤돌아보는 자는 당신 나라 백성 될 자격이 없다고 하셨지. 그런 뜻에서 '탈출'의 반대말은 '뒤로 돌아감'이라고 할 수 있겠구나. 탈출하는 사람에게는 뒤돌아본다는 것이 곧 죽음을 의미하거든. 소금기둥이 된 롯의 아내 이야기가 바로 그 이야기 아니냐?

두 번째 강의
역사와 역사의 주인공

이 땅에 살아가는 동안 모든 인간은 모세 편에서 살아갈 것인가 아니면 바로 편에서 살아갈 것인가, 둘 가운데 하나를 선택하며 살 수밖에 없는 거야. 제3의 선택은 없단다.

⚜

　　　　자, 이제 처음에 말했던 대로, '주인공'의
발자취를 더듬어봄으로써 출애굽 사건을 살펴보기로 하자. 출애굽 하면
생각나는 사람이 누구지?
　그래, 유대 민족뿐 아니라 온 인류가 자랑스럽게 생각할 위대한 인물
모세가 바로 그 사람이지. 내가 아주 어렸을 때, 너희 할아버지께서 보시
던 커다란 그림책(화보)에서 모세 사진을 보았는데 그 책의 제목이 '인류
의 위대한 지도자들'인가, 아무튼 그 비슷한 것이었어. 그 책에서 본 여러
인물들 가운데 지금도 생각나는 사람은 물레를 돌리는 간디와 머리에 뿔
달린 모세란다. 모세의 머리에 진짜 뿔이 달린 게 아니라 미켈란젤로라는
화가가 모세 상을 조각하면서 아마도 그의 권위와 힘을 나타내려고 뿔을
달아놓았던 모양이야.
　물론 모세 혼자서 출애굽을 한 건 아니지만, 모세 없는 출애굽이란 생

각할 수가 없구나. 모세 바로 그 사람이 아니었더라도 그의 자리를 차지할 누군가가 있었겠지. 역사는 언제나 '큰 사건'과 '어떤 사람' 사이의 관계 속에서 이루어지는 것이거든.

생각해보렴. 김구 선생이나 안중근 의사 없는 독립운동을 생각이나 할 수 있겠니? 사도 바울이나 베드로 없는 처음 교회가 있을 수 있겠어? 링컨 없는 흑인 해방, 마오쩌둥 없는 중국 혁명, 루터 없는 종교 개혁, 이성계 없는 조선 건국은 없는 거야. 그러나 한편 이 말을, 그 '어떤' 사람 혼자서 역사를 이루었다는 식으로 알아들으면 곤란해. 세종대왕이 한글을 만들었다고 흔히 얘기하지만 사실 한글은 당시 여러 학자의 공동 작품이라고 봐야 하지 않겠니? 세종대왕 혼자서 한글을 만든 건 아니거든.

그렇긴 하지만 역시 한글 하면 세종대왕이 생각나게 돼 있어. 만일 세종이라는 슬기로운 임금이 없었다면 한글이 만들어질 수 없었을 테니까. 물론 '세종'이라는 이름으로 불리는 임금이 아니었더라도 한글은 만들어졌을 거야. 그 사람 대신 그 어떤 다른 임금이 세종의 역할을 대신 맡았겠지. 그 시대의 상황이 한글을 만들어야 하게끔 돼 있었고, 사실은 그것이 '세종'이라는 이름으로 알려진 한 '개인'의 존재보다 더 우선적이고 중요한 역사적 요인이란다. 무슨 말인지 알쏭달쏭하다고? 이렇게 말하면 대강 정리될지 모르겠다.

먼저, 한글이 필요한 시대 상황이 조성된다. 다음, 그 시대적 욕구를 잘 알아차린 슬기로운 왕(세종)이 나타나 한글 만들 생각(뜻)을 품는다. 드디어 학자들에게 일을 시키고, 마침내 한글이 태어난다. 역사란 대강 이와 같은 연결고리로 흘러가는 거야.

그러니 어떤 커다란 역사적 사건이 일어났을 때 그것을 어느 한 '개인'의 성취나 실패로 돌려버리는 것도 잘못이지만 '사건'과 '개인'의 관계를 무시하는 것도 잘못이란다. 그래서 모세 없는 출애굽은 생각할 수 없다고 말한 거야. 물론 출애굽 없는 모세도 마찬가지로 생각할 수 없지.

과연 '개인'은 존재하는가?

모세 이야기로 들어가기 전에 먼저 한 가지 생각해보기로 하자. 최근에 '민중'이란 말이 널리 사용되면서 사람들 생각이 어느 한 '개인'의 결단보다는 '집단'의 결단이나 행위를 먼저 또는 더 높이 평가한다고 할까, 아니면 아예 '개인'이란 말을 싫어하고 꺼리는 듯한 느낌이 드는데 그건 잘못이라고 봐. 흔히 개인이니 집단이니 하며 마치 그 둘이 동떨어진 실체인 양 생각하는 사람이 있는데 그런 걸 '관념의 장난'이라고 하는 거야. 왜냐하면 '개인'이나 '집단'이란 사람 머릿속에나 있지 실제로는 존재할 수 없는 '관념'이거든. 생각해봐라. 개인과 집단을 어디서 어떻게 나누겠다는 거니?

개인은 어쩔 수 없이 '집단'의 부분이요, 집단은 어쩔 수 없이 '개인'의 모임이야. 개인과 집단은 떨어지려야 떨어질 수 없는 '한몸'이란다. 전체는 부분을 담고, 부분은 전체를 담고, 그래서 옛사람은 여럿이 곧 하나〔多卽一〕요, 하나가 곧 여럿〔一卽多〕이라고 했지. 우리가 하나님을 '한' 분이라고 말할 때에도 그 '한'이라는 말을 둘, 셋, 넷…… 하는 다른 숫자들 가운데 하나로 알면 곤란해. 그래서 하나님을 사람이나 다른 사물들과 동떨어진 어떤 존재물로 오해하게 되는 거야. 이렇게 '개인'이 따로 없고, '집단'이 따로 없는데도 '사회 구원'이니 '개인 구원'이니 하며 논쟁을 하는 사람들이 있는데 그들은 결국 공연한 빈말로 오히려 하나님의 구원 사업을 훼방 놓는 것이라고 보지 않을 수 없구나. 물론 일부러 그러는 건 아니겠지만.

그러니 모세를 그가 함께 살아야 했던 당시의 모든 사람(이스라엘뿐만 아니라 바로를 비롯한 애굽 사람들까지 포함하여)과 동떨어진 '개인'으로 봐서는 안 돼. 그런 모세는 처음부터 있지 않았으니까. 모세는 애굽에서 가나안으로 탈출한 이스라엘 백성의 지도자이면서 동시에 그가 곧 '이스라엘'이었단다. 이 점을 늘 머리에 새겨둘 필요가 있어. 모세는 한 사람이면서 '개인'이 아니었어. 성경은 모세 이전에 학살당한 숱한 아이들 이야기를 통해서 이 사실을 암시해주지.

히브리인의 아들

사람과 역사 사이를 잘 살펴보면 사람이 역사를 만드는 건 말할 것도 없지만, 역사가 사람을 만드는 것도 틀림없는 사실임을 알 수 있어. 모세가 출애굽이라는 사실(史實)을 이룩한 장본인이지만 거꾸로 출애굽이라는 사건이 없었다면 모세는 모세로 살아갈 수 없었을 테니까. 그래서 옛 시인은 "영웅이 시대를 만들고, 시대가 영웅을 만든다"고 했지.

 시대가 영웅을 만들다니, 무슨 말일까? 예를 들면, 임진왜란이 없었다면 이순신 장군도 없었을 것이라는 얘기야. 출애굽이라는 대탈출 사건이 터지지 않았다면 아마도 우리는 모세라는 이름을 몰랐을 거라는, 그런 얘기지. 물론 거꾸로 말하여, 모세가 없었다면 출애굽 사건도 없었을 것이고.

 본디 사람은, 그가 누구든 자기가 살고 있는 시대와 떼려야 뗄 수 없는 관계를 맺고 있단다. 다만, 세종 임금이나 모세나 이순신처럼 그 시대가 사람에게 무엇을 요구 또는 명령하는지 잘 알아서 그대로 하여 말 그대로 역사의 주인공이 된 사람도 있고, 반대로 그 요구와 명령을 제대로 알지 못하고 오히려 거역하여 좋지 않은 열매를 맺은 사람도 있지. 여기서 내가 말한 '시대의 명령'을 하나님의 명령이나 역사적 사명으로 바꿔 말해도 좋아. 사람은 누구나 그런 '명(命)'을 받아서 지금 살아가고 있는 거야. 다만 그것을 거역하는 자(물론 저도 모르게 그러는 자도 포함하여)와 순종하는 자로 나뉠 뿐이지. 자, 너희는 어떤 사람이 되고 싶으냐?

 모세 이야기로 돌아가자. 되풀이한다만 모세는 그가 태어나 죽기까지 살다간 '시대'의 아들(산물)이라는 점을 잊어서는 안 돼. 따라서 우리는 그가 어떠한 시대에 어떠한 곳에서 태어났는지, 그것부터 알아볼 필요가 있어.

 출애굽기는 모세가 태어나던 때의 형편을 이렇게 이야기해주는구나.

 요셉을 알지 못하는 새 왕이 일어나 애굽을 다스리더니 그가 그 백성에게 이르되 이 백성 이스라엘 자손이 우리보다 많고 강하도다 자, 우리가 그들에게 대하여 지혜롭게 하자 두렵건대 그들이 더 많게 되면 전쟁이 일어날 때에 우리 대적과 합하여 우리와 싸우고 이 땅에서 나갈까 하노라 하고 …… 애굽 사람이 이스라엘 자손으로 말미암아 근심하여 이스라엘 자손에게 일을 엄하게 시켜 어려운 노동으로 그들의 생활을 괴롭게 하니 곧 흙 이기기와 벽돌 굽기 농사의 여러 가지 일이라 그 시키는 일이 모두 엄하였더라 …… 그 백성은 번성하고 매우 강해지니라 …… 그러므로 바로가 그의 모든 백성에게 명령하여 이르되 아들이 태어나거든 너희는 그를 나일강에 던지고 딸이거든 살려두라 하였더라(1:8~2:1)

임금이 명령하기를, 아기를 낳을 때 계집아이면 살려두고 사내아이면 모두 강물에 집어넣으라고 했다니 세상에 그런 어처구니없는 말이 어디 있니? 그런데 그런 명령을 내렸다는 거야. 당시 임금의 말은 그대로 법이었으니까, 모든 사내아이를 낳는 대로 죽이라는 법이 시퍼렇게 살아서 눈먼 칼을 휘두르는 그런 시대였단 말이다. 죽어야 하는 죄목은 히브리인의 피를 받아 사내아이로 태어났다는 것밖에 없었지.

여기서 '히브리인'이라는 말이 나오는데 이 말은, 어느 특정한 혈통을 지닌 민족이 아니라 출신 성분도 알 수 없는 뜨내기들, 오늘은 여기, 내일은 저기로 다니면서 품도 팔고 도둑질도 하고 때로는 산적 노릇도 하던 부랑자(떠돌아다니는 사람)들을 가리키는 '하비루(*Habiru*)'라는 말에서 나왔다는 학설이 있어. 그렇다면 요셉을 따라서 가나안을 떠나 애굽으로 이민해 온 야곱의 후손들이 처음에는 애굽 왕한테서 좋은 대접을 받았지만 세월이 흐르고 사람이 바뀌면서 결국은 남의 땅을 떠돌아다니는 뜨내기 신세로 되어 '하비루'에 섞였다고 볼 수 있겠지. 어쨌든 성경은 이스라엘 백성과 히브리인이라는 두 이름을 자연스레 뒤섞어서 쓴단다.

예나 이제나 이스라엘은 땅에 한이 맺힌 종족이지. 출애굽 자체가 남의 땅에서 하나님이 주신 자기네 땅으로 돌아가는 얘기 아니냐? 본디 땅은 하나님 것인데 사람들이 제멋대로 금을 긋고, 여기는 우리 땅이라면서 낯선 사람을 못살게 구는구나. 닭이 텃세를 부리는 것과 다를 바 없지. 닭은 그래도 사람보다는 덜 잔인해. 아들을 낳는 대로 죽여버리지는 않으니까. 모세는, 까닭도 모르고 죽어간 숱한 히브리 아기들의 억울한 죽음, 바로 그 학살의 무덤에서 태어났어. 따라서 그의 몸에는 히브리인의 아들이라는 이유만으로 죽어간 목숨들의 넋이 함께 실려 있었다고 봐야 해. 그런 그가 어떻게 자신만을 위하여 살 수 있었겠니? 이렇게 그는 태어나면서부터 이미 '개인'이 아니었구나.

바로와 모세

사람은 사람이기에 사람답게 살아야 해. 그건 권리이자 신성한 의무지. 그의 피부가 어떤 색이든, 그가 어떤 가문에서 태어났든, 그런 것이 사람으로 사람답게 살아갈 권리를 제한할 수는 없어. 그런데도 사람들은 같은 사람을 피부색으로 구분하고 이런저런 계급으로 나누고 성(性)으로 차별하고, 그 결과 사람이 사람을 업신여기고 괴롭히고 마침내 죽이기까지 하는 부끄럽고 그릇된 역사를 만들어왔구나. 아니, 그런 수치스런 역사를 지금도 만들고 있구나. 모세가 태어난 시절이나 우리가 살고 있는 시절이나 그런 점에서는 크게 다를 것이 없어.

당시 출애굽 사건에는 주인공이라고 할 만한 두 사람이 나오는데 모세와 바로가 그들이지. 그 사건에 등장하는 모든 인물이 모세 편 아니면 바로 편으로 나뉘어 결국은 출애굽 자체가 '모세'와 '바로'의 대결이라고 볼 수 있어.

모세는 누구지? 사람이 사람답게 살아갈 수 없는 잘못된 세상을 등지고 사람이 사람답게 살아가는 올바른(정의로운) 세상을 향해 나아가는 사람.

바로는? 사람을 사람답게 살아갈 수 없도록 짓누르고, 괴롭히고, 마침내 죽이기까지 하는, 그래서 사람이 사람답게 살아가지 못하는 그릇된(불의한) 세상을 계속 유지하려는 사람.

결국 이 땅에 살아가는 동안 모든 인간은 모세 편에서 살아갈 것인가 아니면 바로 편에서 살아갈 것인가, 둘 가운데 하나를 선택하며 살 수밖에 없는 거야. 제3의 선택은 없단다. 이 점을 예수님은 아주 분명히 밝히셨어. 그분의 최후 심판 자리는 모든 사람을 의인과 죄인, 양과 염소, 오른쪽과 왼쪽으로 나누는 자리야.(마태복음 25:31~46) 어중간하게 양다리를 걸치고 설 수 없는 자리지. 우리는 지금 이 순간에도 모세 편에 서거나 아니면 바로 편에 서 있는 거야. 이쪽도 저쪽도 아닌 그런 자리는 처음부터 없거든. 예수님 말씀을 한마디만 더 들어보렴. "나와 함께하지 아니하는 자는 나를 반대하는 자요 나와 함께 모으지 아니하는 자는 헤치는 자니라."(누가복음 11:23)

자, 너희 생각에는 어떠냐? 지금 우리가 살고 있는 이 세상이 과연 모든 사람으로 하여금 사람답게 살아갈 수 있도록 보장해주는 그런 세상이라고 생각하니? 당장 우리나라만 보자. 똑같은 인간으로 태어났건만 어떤 사람은 부모 덕분에 좋은 환경에서 공부도 많이 하고 행복하게 살아가지만, 어떤 사람은 태어나면서부터 버림을 받아 결국은 범죄자로 되어 자기 인생과 남의 인생을 함께 망치고 있지 않니? 같은 핏줄을 나눈 동포인데도 정치·경제적 이념 때문에 형제끼리 전쟁을 하고 마침내 원수가 되어 살아온 지 반백 년, 그동안 남쪽과 북쪽에서 '통일'을 위해 살고자 하다가 얼마나 많은 사람이, 태어나자마자 강물에 던져진 이름 없는 '모세들'처럼 그렇게 숙임을 낭했니? 아마 서울 시리를 막고 물어봐도 오늘 우리가 살아가는 이 세상이 모든 사람으로 하여금 사람답게 살아가도록 보장해주는 그런 완전한 세상이라고 생각하는 사람은 없을 게다.

그렇다면 누가 우리의 세상을 사람으로 하여금 사람답게 살아가지 못하도록 만들고 있는 것일까? 귀신인가? 호랑이인가? 아니면 천둥 벼락인가? 아니지. 사람이지!

사람이 사람을 속이고, 사람이 사람을 학살하는 거지! 다른 누가 사람을 괴롭히는 건 아니지. 모세도 사람이지만 바로도 또한 사람이거든. 그러니 우리는 결국 스스로 자신을 속이고 괴롭히고 죽이는 거란다. 그러기에 더욱 매 순간 자신을 돌이켜봐야 하는 거야.

나는, 우리는, 지금 어디에 서 있는가? 모세 편인가? 아니면 바로 편인가?

사람답게 살 수 있는 '새 세상'을 만들고자 그쪽으로 행진하고 있는가? 아니면 여전히 사람을 속이고 괴롭히고 죽이는 '낡은 세상'을 유지하고 지키려 고집하는 존재로 남아 있는가? 우리는 지금 우리의 출애굽에 모세로 등장하는가? 아니면 바로로 등장하는가?

모세와 바로가 이렇게 서로 마주 보며 대적하지만, 그 둘이 다 '인간'이라는 사실을 기억해둘 필요가 있어. 두 사람은 모든 인간이 지닐 수 있는 두 '얼굴' 또는 삶의 방식을 대표한다고 봐야 해. 무슨 말인고 하니, 한 사람 또는 어느 집단이 모세도 될 수 있고 바로도 될 수 있다는 그런 말이야. 만일 내가 자신의 편의를 위해서 어떤 다른 사람을 괴롭힌다면, 나의 이익을 위해서 다른 사람을 속인다면, 나는 갈 데 없는 바로지.

그러다가 깨우쳐 그 길을 버리고 모두 더불어 사람답게 살아가는 세상을 만들고자 남을 위하여 오히려 자기를 희생한다면 그때부터 그는 모세인 거야.

개인이든 집단이든 바로였다가 모세로 바뀌는 것, 그것을 기독교는 회개라 하고, 예수님은 거듭남(重生)이라 하고, 또 다른 말로는 엑소더스, 곧 탈출이라고 하지. 출애굽기는 바로 이 변화의 과정을 우리에게 보여준단다. 그것은 결국 사람이 사람과 싸워서 이기는 과정이기도 해. 이 싸움에 하나님이 개입하시는 거야. 아니, 그냥 개입하는 게 아니라 하나님이 직접 그 싸움을 시작하시고 마감하시는 거지.

주동자 하나님

자, 그러면 하나님은 출애굽이라는 중대 사건을 어떻게 시작하시는지 알아보기로 하자. 아무래도 출애굽 사건은 모세라는 인물의 출현과 함께 생각해야 하겠지? 너희들한테는 모세 하면 얼른 떠오르는 게 갓난아기의 모습일 텐데 그러나 그것은 모세의 출생기(出生記)에 등장하는 한 모습이지 출애굽에 관련된 모세의 출현과는 좀 거리가 멀다고 봐야 해.

예부터 훌륭한 인물은 특별한 '출생기'가 있게 마련이지. 그런데 출생기라는 것은 주인공의 생애가 마감된 뒤에 그에 대한 이런저런 이야기가 수집되는 과정에서 나중에 만들어져 덧붙여지는 게 보통이란다. 그러니 역사로서의 출애굽과 '먼저' 연결되는 모세는 갈대 상자 속에 담긴 아기 모세가 아니라 호렙 산에서 하나님의 명령을 받는 어른 모세(성경에는 그때 나이가 여든이었다고 했지)라고 봐야 해. 물론 아기 모세와 어른 모세가 서로 다른 사람은 아니지만, 호렙 산에서 "모세야, 모세야" 하고 부르시는 하나님 음성을 듣고 "내가 여기 있나이다" 하고 대답하는 모세가 없었다면 갈대 상자에 담겨 떠내려가는 모세는 처음부터 있지 않았을 거라는 말이야. 알아듣겠니?

다시 말하면, 하나님의 명령을 듣고 고난 받는 동족의 현장에 뛰어드는 모세가 있었기에 나일 강에 버려졌다가 건짐 받는 모세 '이야기'가 뒤에 가서 만들어질 수 있었다는 그런 말이다. 그래도 잘 모르겠거든 모르는 채로 두고 다음 이야기로 넘어가자. 그래도 괜찮아. 우리가 먹는 음식물이 반드시 모두 소화되는 건 아니잖니? 아침으로 먹은 게 100퍼센트 소화 되지 않았으니 점심도 저녁도 먹지 않겠다는 사람이 어디 있어? 성경을 읽을 때도 그래. 첫마디부터 완전히 이해하고 다음으로 넘어가겠다고 생각하면 결코 두 마디째 말씀을 읽을 수 없을 거야. 백 마디 읽는 가운데 서너 마디 아니, 한 마디라도 알아들으면 만족이라는 생각으로 성경을 읽는 습관을 들이도록 하여라.

처음 문제로 돌아가자. 하나님은 언제 어떻게 출애굽 사건을 주동(主動)하셨을까? 여기서 서양 신학자들은 인간 역사에 하나님이 개입 또는 간섭하신다는 말을 자주 쓴다만, 나는 일부러 '주동'이란 말을 썼어. 하나님이란 분과 인간 역사가 따로따로 존재한다는 전제를 깔고 말하면 그들의 표현이 맞겠지만, 하나님과 인간이 처음부터 떨어질 수 없는 한몸이요, 하나님의 존재와 인간의 역사가 별개의 것일 수 없음을 전제한다면 하나님이 인간의 역사에 새삼스레 개입 또는 간섭하신다고 말할 수 없지. 누가 무슨 일에 참여한다는 말은 참여하기 전까지 그 무슨 일의 '밖'에 있었다는 말이니까. 하나님은 물론 인간과 동일한 존재가 아니지만 그러나 인간과 동떨어져 있는 존재도 아니란다. 옛적부터 동양의 어른들은 이런 관계를 '둘도 아니요, 하나도 아닌〔不二非一〕' 사이라고 했어.

그러니 하나님이 호렙 산에서 모세를 부르신 것은 이스라엘의 역사에 제삼자로서 개입이나 간섭을 하신 게 아니라(그러나 인간 쪽에서 보면 그건 확실히 하나님의 개입이나 간섭이지. 하나님이 인간 역사에 간섭하신다는 말 자체를 부정해서는 안 돼. 그 말에도 충분히 일리가 있으니까) 출애굽이라는 중대 사건을 적극적으로 주동하신 것이라고 보아야 해.

출애굽기 1장과 2, 3장을 자세히 들여다보면 '하나님'이란 이름이 출애굽 사건의 주체(주인공)로서 세상에 드러나는 것이 3장 4절인데(모세를 부르심), 그 전에는 히브리 자손을 불어나게 하시고(1:21), 이스라엘이 괴로워 울부짖는 소리를 들으시고(2:23), 이스라엘을 애굽의 손아귀에서 빼내어 젖과 꿀이 흐르는 아름답고 넓은 땅으로 데려가겠다는 뜻을 세우시는(3:8) 하나님이 기록돼 있지. 그러니까 호렙 산에서 모세 앞에 당신의 모습과 명령을 드러내시기 전까지는 인간 쪽에서 볼 때 '숨어 계시는' 하나님이었다는 말이야. 달리 말하면 출애굽 사건을 은밀하게 소극적으로 준비하셨다는 뜻이 되겠지.

그러나 이 준비 과정이야말로 이스라엘은 물론 출애굽의 주체이신 하나님께도 매우 중요한 것이었음을 잊어서는 안 돼. 한 송이 꽃이 피어나려면 꽃잎이 활짝 벌어지는 데 드는 시간보다 수백 수천 배 더 오랜 동안 보이지 않는 준비와 수고가 필요하거든. 한 송이 국화꽃을 피우기 위하여 봄부터 소쩍새는 울었나보다고 읊은 시인도 있잖니?

그러니 하나님이 출애굽 사건을 드러나게(적극적으로) 주동하기 시작하신 것은 모세를 호렙 산에서 부르신 바로 그때였다고 하더라도, 사내로 태어난 히브리 아기를 죽이라는 살벌한 왕명 아래에서 오히려 히브리인 자손을 불어나게 하시고 신음하는 이스라엘의 울부짖음을 들으시던 그때부터 이미 하나님은 '출애굽'이라는 대사건을 시작하신 것이라고 봐야 하지 않을까?

출애굽 · 환애굽

그러고 보면 아기 모세가 태어나기 전, 야곱의 후손들이 애굽에 들어가 자리 잡은 때부터 이미 출애굽이 준비되고 있었다고 봐야 할는지도 모르겠구나. 원인의 원인을 캐다보면 그렇지 않겠니? 만일 야곱의 후손들이 가나안을 떠나 남의 나라 땅인 애굽에서 더부살이(요즘 말로 '이민 생활')를 시작하지 않았더라면 어떻게 애굽 탈출이라는 역사적 사건이 생길 수 있었겠어?

처음에 말했듯이 '출애굽'의 의미를 단순한 민족 공간 이동이 아니라 부자유에서 자유로, 구속에서 해방으로 인간과 세계가 자리를 옮기는 것이라고 한다면 우리가 이 땅에서 그보다 더 큰 삶의 목적을 찾을 수 없을 것이요, 따라서 출애굽 이전의 모든 역사가 바로 출애굽을 위해서 이루어진 것이라고 생각하는 게 조금도 무리가 아닐 게다. 서양 속담에 "모든 길은 로마로 통한다"는 말이 있는데 모든 강물이 바다로 흐르듯 인간 세상에서 일어나는 모든 역사가 마침내 전 인류의 거대한 '출애굽'으로 이어진다는 게 아버지 생각이야. 그러니까 너희가 잘 아는 꿈쟁이 요셉이 형들 손에 죽을 뻔하다가 겨우 목숨을 건져 애굽으로 종살이를 가게 되는 괴로운 역사도 결국은 '출애굽'을 위한 기초공사의 한 부분이었다는 그런 얘기가 되지.

아브라함이 가나안에 자리 잡는 대목에 이르기까지 역사를 거슬러 올라가도 마찬가지로, 그 사이에 일어난 모든 사건들이 출애굽이라는 바다를 향해 흐르는 강줄기였다는 결론에 이르게 되겠지.

물론 방금 내가 말한 '출애굽'이 모세와 여호수아의 지도로 이스라엘이 요단 강을 건너 가나안에 정착한 기원전 12, 13세기경의 역사적 사실(史實)만을 뜻하는 것이 아님은 되풀이 설명하지 않아도 알겠지? 사실 말이지 성경에 기록된 이스라엘의 '출애굽'은 그들이 가나안에 정착함으로써 마감된 사건이 아니란다. 왜냐하면 그들은 가나안에 살면서도 여전히 억압받고 구속받는 삶에서 벗어날 수 없었거든.

그들이 도달한 가나안이 과연 "젖과 꿀이 흐르는" 낙원이 아니었더라 이 말이야. 요단 강을 건너 꿈에 그리던 땅에 이르렀건만 그들은 계속되는 전쟁과 독재로 말미암아 여전히 괴롭게 살아야 했고, 그러다가 나라가 동강나고 마침내 그 동강난 나라마저 잃고는 모든 백성이 산지사방 흩어지는 슬픔을 겪어야 했거든. 바로는 홍해 바다 저쪽에 두고 온 줄 알았는데 알고 보니 어느새 그들과 함께 요단 강을 건너와 있더라는 그런 얘기지. 다만 이름과 얼굴을 달리 해가지고서!

'출애굽'은 그때에도 미완성이었지만 아직도 미완성이요, 미완성이기에 지금 이 순간에도 진행 중인, 그런 사건이란다. 아마도 이 '출애굽'은 예수님이 다시 오시어 새 하늘 새 땅을 이루시는 천지개벽의 그날에야 마침내 완성될 게야.

그러니까 요셉이 종으로 팔려가는 어처구니없는 비극이 출애굽을 향하고, 야곱이 가뭄을 피해 애굽으로 내려가 거기서 총리대신으로 출세한 아들을 만나는 가슴 벅찬 기쁨 또한 마침내 출애굽을 향하여 흐르는 강의 한 줄기였듯이, 지금 우리가 겪고 있는 모든 슬프고 아프고 또 기쁘고 가슴 벅찬 사건들이 전체 인류의 '출애굽'을 향하여, 그 천지개벽의 새 하늘 새 땅을 향하여 흐르고 있음을 기억할 필요가 있어.

'흐름'이란 무엇일까? 이음이지. 흐름을 통하여 개울은 강물과, 강물은 바다와 이어지거든. 그러니 우리는 지금 여기서 예수님이 약속하신 하나님 나라, 그 해방과 행복의 나라를 살고 있는 거야. 예수님도 말씀하시지 않았니? "하나님의 나라는 너희 안에 있느니라"(누가복음 17:21)라고.

그러나 인간은 개울이나 강이 아니구나. 무슨 말인고 하니, 개울은 골짜기를 거슬러 흐를 수 없지만 인간은 얼마든지 가나안을 등지고 애굽으로 돌아갈 수 있다는 그런 뜻이야. 인간만이 하나님 명령을 거역할 수 있거든. 그러니 우리는 지금 여기서 저절로 출애굽을 하고 있다고, 공짜로 하나님 나라를 살고 있다고 말할 수는 없는 거야. 하나님 나라의 백성으로 사느냐 아니면 여전히 바로(인간)의 지배를 받느냐는, 우리의 결단 없이, 마치 개울이 흘러 강으로 되듯이 그렇게 저절로 이루어지는 게 아니기 때문이지. 우리는 순간순간 역사 앞에서 결단을 해야 해. 그 결단이 우리를 가나안으로 향하게 하느냐 아니면 다시 애굽으로 향하게 하느냐를 판가름하거든.

모세가 출애굽을 이끌면서 싸워야 했던 가장 힘든 상대는 외적이 아니라 애굽 종살이를 그리워하며 끊임없이 돌아가고자 하는 이스라엘 백성 바로 그들이었단다. 그들의 '환(還)애굽'이야말로 모세의 '출(出)애굽'을 가로막는 최대의 적이었어. 그것에 견주면 외부 종족의 저항이나 도전은 차라리 문젯거리도 아니었지.

자, 이제 일반론으로서 '출애굽' 얘기는 일단 멈추고 모세의 현장으로 돌아가 보기로 하자. 그는 과연 어떤 상황에서 어떤 과정을 거쳐 마침내 자기를 부르시는 하나님 음성을 들었던가?

세 번째 강의

모세, 해방의 씨앗

모세의 일생을 40년씩 세 번으로 나누어 기록한 것은 그의 한평생이 줄곧 '탈출'의 세월이었다는 사실을 암시한다고 볼 수 있어.

❦

성경은 모세가 120년을 살았다고 기록하면서 그 120년을 세 토막으로 나누어 40×3=120으로 설명해. 여기서 중요한 것은 40이라는 숫자의 의미야. 유대인들 생각에 '40'이란 숫자는 그냥 38, 39 다음에 이어지는 40이 아니거든. 40일 또는 40년이 모두 비슷한 '뜻'을 지니는데 대충 말하자면 고난이나 시련의 한 세월(기간)을 가리킨다고 보면 돼.

예수님이 광야에서 며칠간 금식하셨지? 그래, 40일이지. 그동안에 무얼 하셨나? 누가복음에는 "마귀에게 시험을 받으시더라. 이 모든 날에 아무것도 잡수시지 아니하시니 날수가 다하매 주리신지라"(4:2)로 기록돼 있어. 마가복음에는 그동안 들짐승들과 함께 지내셨다고 했지. 말하자면 예수님이 세상에 당신 몸을 드러내시고 공사(公事)를 시작하기 전에 '40일' 동안 시련과 고통을 견디셨다는 얘기야. 그러니까 "누가 40일 또는 40

년 동안 무엇 무엇을 했다"는 말은 그가 겪어야 할 모든 힘든 일을 남김없이 다 겪어냈다는 뜻이지. 모세는 시내 산에서 하나님의 법(십계)을 받기 전 40일 밤낮을 꼬박 금식했고(출애굽기 34:28) 예수님은 부활하신 후 하늘에 오를 때까지 40일을 세상에 머물러 계셨고 이스라엘이 애굽을 떠나 가나안에 이르기까지 광야에서 유랑한 세월도 40년이었어.

40이라는 숫자에 특별한 의미를 두는 데는 아마도 40년에 한 세대가 바뀌기 때문이 아닐까 생각해. 옛 사람들은 40년이 지나야 사람이 비로소 사람답게 성숙한다고 했던 모양이야. 이삭과 에서도 40세에 결혼했고, 이슬람교의 성경인 코란에 보면 40세가 성년이 되는 해라고 돼 있거든. 무함마드가 하나님의 부르심을 받은 것도 40세가 되어서였지.

그런데 여기서 한 가지 기억해둘 것이 있어. 40년(또는 40일)간 겪는 시련과 고통이 더 좋은 날들을 위한, 더 좋은 세상을 위한 진통이라는 점이야. 어머니가 아기를 낳기 전에 겪는 아픔을 진통이라고 하지. 아무 뜻도 보람도 없이 계속되는 그런 고통이 아니라 그것을 겪어야만, 또는 그것을 겪어냄으로써 마침내 새 역사, 새 세상이 오는 그런 고통이란 말이다.

압박이 있는 곳에 자유의 씨앗이

모세의 일생을 40년씩 세 번으로 나누어 기록한 것은 그의 한평생이 줄곧 '탈출'의 세월이었다는 사실을 암시한다고 볼 수 있어. 모세야말로 잘못된 세상을 등지고 더 나은 세상으로 탈출에

탈출을 거듭한, 말 그대로 '탈출의 사나이'였구나.

그가 하나님의 거룩한 산으로 알려진 호렙 산에서 하나님이 부르시는 음성을 들은 것은 두 번에 걸친 40년을 보내고 마지막 세 번째 40년의 문턱에 들어섰을 바로 그때였지. 모세의 첫 번째 40년은 태어난 뒤 바로의 궁중에서 살다가 바로가 죽이려고 하는 바람에 미디안 광야로 도망치기까지였고, 두 번째 40년은 미디안에서 장가들어 아들 낳고 양 치며 지내다가 호렙 산에 올라 하나님을 뵙고 명령을 듣게 될 때까지였고, 마지막 40년은 애굽으로 내려가 이스라엘 백성을 이끌고 가나안을 향해 광야를 유랑하다가 약속의 땅을 눈 아래 내려다보며 비스가 산 꼭대기에서 숨을 거둘 때까지였어. 이렇게 모세는 40년을 세 토막 산 셈이지.

자, 그러면 순서대로 모세의 첫 번째 40년을 살펴보기로 하자. 지난번에 얘기했던 대로 모세가 태어날 무렵의 세상은 어떤 사람(바로와 그 일당)이 자신의 기득권을 지키려고 다른 사람(이스라엘)을 억압하고 착취하는, 그러니까 사람이 사람을 못살게 구는 잘못된 세상이었어. 그것은 하나님이 세상을 지으실 때 세우신 '뜻'과는 너무나도 거리가 먼 세상이었지. 억누르는 자들은 행복하고 편한 세상일지 모르나(사실은 결코 그럴 수 없지만) 억눌리는 자들은 너무나도 괴롭고 힘겨운 세상이고, 이유야 어디에 있든 사람이 사람을 괴롭히는 세상이라면 하나님이 바라는 세상은 아니거든.

그러나 압박이 있는 곳에는 반드시 자유라는 씨앗이 싹트게 마련이란다. 하나님이 살아 계시기 때문이지. 불의와 억압의 두엄더미에서 정의와 해방의 싹이 트는 것이야말로 역사 속에 하나님이 살아 계시다는 아주 분명한 증거야. 히브리의 사내아이로 태어났다 해서 죄도 없이 죽어야 했던 이름 없는 생명의 무덤을 헤치고 태어나 죽을 자리에서 건져진 모세, 그가 바로 불의와 억압의 그늘에서 돋아난 정의와 해방의 씨앗이었더구나.

모세는 떠내려가던 나일 강에서 건짐을 받아 다른 사람도 아닌 바로의 딸 손에 바로의 궁에서 자라났지, 바로의 왕자로! 하나님의 일하시는 방법이란 얼마나 오묘하냐? 억압자의 품으로 해방자를 기르시다니!

모세의 결단

～모세는 당시 가장 안전한 장소라고 할 수 있는 바로의 궁에서 바로의 왕자로 자랐지만, 그에게 젖을 먹인 사람은 친어머니였단다. 이 사실은 매우 중요해. 사람은 태어난 지 사흘, 석 달, 삼 년이 가장 중요한 시기라더라. 그 기간에 그의 성격, 기질이나 습관까지 모두 결정되다시피 하기 때문이래. 세 살 버릇 여든까지 간다는 속담도 있잖니? 그게 결코 빈말이 아니거든.

모세는 친어머니 젖을 먹으면서 히브리인으로 자라났어.(이 이야기는 너희가 잘 알 터이므로 되풀이하지 않는다) 그러니까 비록 바로의 왕자 신분으로 40년 동안 궁중에서 살았지만, 그의 몸에는 어디까지나 히브리의 피가 흘렀던 거야. 몸은 바로의 왕자지만 정신은 누가 뭐래도 히브리인이었다, 이 말이지.

드디어 첫 번째 '40년'이 끝날 무렵, 모세한테 아주 중대한 사건이 벌어졌구나. 어느 날 성문 밖으로 나갔다가 애굽인이 히브리인을 마구 때려 그냥 버려두면 죽이고 말 것만 같은 장면을 보게 된 거야. 그 순간, 모세는 두 가지 길 가운데 하나를 선택해야 했어. 하나는 못 본 척 돌아서는 것이고, 다른 하나는 그 불의한 사건에 참견하는 것이지.

물론, 못 본 척 돌아설 수도 있었지만 모세는 그럴 수 없었어. 몸속에 흐르는 히브리인의 피가 소리치며 끓어올랐던 거야. '그냥 버려두면 안 된다! 저 얻어맞는 사람은 너의 피붙이야. 바로 네가 얻어맞아 죽어가고 있는 거야!' 그래도 끝내 못 본 척 돌아섰다면 아마 우리는 모세라는 위대한 인물에 대해 이렇게 이야기할 수 없을 것이고 출애굽 역사도 달라졌겠지. 어쩌면 그냥 외면하고 마는 것이 모세 자신에게는 더 유익했을는지도 모르겠구나. 적어도 왕자로서 신분이 위태로워질 염려는 없었을 테니까. 애굽인이 히브리인 하나쯤 괴롭힌다고 해서 그런 일에 애굽 왕자가 참견하고 나설 것까지는 없지 않았겠니? 노예살이를 하는 동족을 해방시키겠다는 그런 '뜻'을 속에 품지 않았더라면 모세가 그 일에 참견하고 나설 까닭도 없었겠지. 억울하게 얻어맞아 죽어가는 히브리인을 보고 외면할 수 없었던 것은 평소에 동족을 노예의 사슬에서 풀어 해방시키리라는 뜻을 품고 있었다는 반증 아니겠어?

혹시 이렇게 생각할 수도 있을 게다.

'동족을 해방시키겠다는 뜻을 품은 것은 좋다. 그렇다면 좀더 참고 있다가 애굽의 왕이 되어 가지고 마음대로 할 수 있을 때 왕권으로 히브리인을 해방시키면 되지 않는가? 그랬더라면 열 가지 재앙이니 뭐니 하는 번거로운 일도 없었을 것이고 홍해 바다에서 애굽 병사들이 몰사하는 일도 없었을 텐데……'

얼핏 생각하면 그럴듯한 얘기지만 그것은 어디까지나 머릿속 공상이지 현실에서는 절대로 그런 일이 일어날 수 없단다. 물론 모세는 그 사건을 외면함으로써 자신이 히브리인이라는 사실을 끝내 감추고 애굽 왕(바로)이 될 수도 있었겠지. 그랬더라면 아마도 그는 이전의 바로보다 더 지독하게 히브리인을 괴롭히는 바로가 됐을 게다. 그것이 '역사'가 우리에게 가르쳐주는 교훈이지. 일단 바로가 된 다음에는 자신은 물론 남까지 사슬에 더욱 옭아맬 뿐, 결코 해방자로 변신할 수는 없거든. 너희들 이 사실을 똑똑히 명심하여라. '해방자'는 억누르는 자들 속에서가 아니라 억눌리는 자들 가운데서 나온다는 사실을.

예수님이 어째서 호사스런 왕궁이 아니라 마구간 구유에서 가난한 목수의 아들로 태어나셨는지, 석가모니가 어째서 모자라는 것 없는 왕궁을 스스로 뛰쳐나가 탁발(밥을 빌어먹음)을 해야 했는지, 공자가 어째서 그토록 훌륭한 지혜를 갖추었으면서도 한평생 이 나라 저 나라로 떠돌이 생활을 해야 했는지 잘 생각해보렴. 해방자는 반드시 해방되어야 할 사람의 아들로 태어나는 법이란다. 그러니 모세가 만일 나중에 왕이 되어서 동족을 해방시키리라 생각했다면, '왕'이 되리라고 마음먹는 그 순간 이미 그는 해방자의 자격을 잃고 마는 거야. 하나님의 역사가 그런 식의 보장 없는 기약(또는 맹세) 따위로 이루어지는 법은 없어. 모세는 다행히도 고난받는 동족의 현장에 등을 돌리는 대신 용감하게 참여하기로 결단했단다. 그것은 위험을 부르는 결단이었어. 그렇게 하다가 히브리인이라는 자신의 정체가 드러나고 마침내 왕자의 자리까지 빼앗길 수도 있었으니까. 그러나 바로 이 결단이 모세를 모세로 세운 거야. 자신에게 주어진 애굽 왕권을 스스로 버림으로써 모세는 해방자 될 '자격'을 얻은 거지.

모세는 망설이지도 않고 달려들어 히브리인을 괴롭히는 애굽인을 쳐 죽이고 말았구나. 불의한 역사 현장을 외면하지 않고 뛰어든 것은 잘한 일이었지만 아직 그 '방법'을 잘 몰랐던 거야. 일종의 실수라 할까? 시행착오라 할까? 하긴 그와 같은 시행착오를 거쳐 인간은 차츰 성숙해가는 법이지. 어쨌든 그 사건을 통해 인간 모세는 첫 번째 '40년'을 청산하고 두 번째 '40년'으로 들어가게 되는구나.

값진 실패

자, 그러면 성문 밖에서 벌어진 사건이 어떻게 모세의 일생에 중요한 전기(轉機)를 마련하는지 살펴보기로 하자. 먼저 성경에서 그 대목을 찾아 읽어볼까?

> 모세가 장성한 후에 한번은 자기 형제들에게 나가서 그들이 고되게 노동하는 것을 보더니 어떤 애굽 사람이 한 히브리 사람 곧 자기 형제를 치는 것을 본지라 좌우를 살펴 사람이 없음을 보고 그 애굽 사람을 쳐죽여 모래 속에 감추니라 이튿날 다시 나가니 두 히브리 사람이 서로 싸우는지라 그 잘못한 사람에게 이르되 네가 어찌하여 동포를 치느냐 하매 그가 이르되 누가 너를 우리를 다스리는 자와 재판관으로 삼았느냐 네가 애굽 사람을 죽인 것처럼 나도 죽이려느냐 모세가 두려워하여 이르되 일이 탄로되었도

다 바로가 이 일을 듣고 모세를 죽이고자 하여 찾는지라 모세가 바로의 낯을 피하여 미디안 땅에 머물며 하루는 우물 곁에 앉았더라(출애굽기 2:11~15).

억울하게 매 맞는 동족을 외면하지 않고 구해내려 한 모세의 뜻만은 옳은 것이었으나 문제는 그 방법(수단)에 있었던 거야. 옳은 뜻은 옳은 방법으로만 이루어지는 법이거든. 히틀러의 저돌적인 사회 개혁이 많은 독일 청년들을 열광케 하고 청년들뿐 아니라 그동안 부패 무능한 정부에 불만이 많던 대중의 박수를 받고 있을 때, 저 유명한 '불확정성 원리'로 현대 물리학의 기초를 놓은 천재 물리학자 하이젠베르크 교수는 자신이 히틀러를 지지할 수 없는 이유에 대하여 이렇게 말했단다.

> 나는 정치적 운동이란 큰소리로 외치며 달성코자 하는 목표에 따라서 판단할 것이 아니라 그 실현을 위해서 사용하는 수단에 의하여 판단되어야 한다고 믿고 있습니다. 이런 점에서 국가사회주의자나 공산주의자의 경우 유감스럽게도 그들이 사용하는 수단은 참으로 졸렬한 것이며, 장본인들조차도 자기네 이념의 실현을 위한 설득력을 믿지 않는다는 것을 보여주고 있습니다. 그러므로 나는 이 두 가지 주의(主義)로부터 파생되는 어떤 운동에도 기대를 걸 수 없으며, 이 두 가지 주의는 독일에 불행만 가져올 뿐이라는 것을, 유감스럽지만, 확신하고 있습니다…….

그가 공산주의와 국가사회주의(나치즘)라는 두 이데올로기를 믿을 수 없었던 이유는 그 두 이데올로기의 신봉자들이 목표를 이루고자 사용한 '수단'이 마땅찮게 보였기 때문이라는 거야. "모로 가도 서울만 가면 된다"는 속담에 하이젠베르크는 동의할 수 없었다는 얘기지. 서울에 도착하는 것 못지않게 어떻게 서울로 가느냐, 그 수단(방법)도 중요하다고 보았거든.

무슨 수를 써서라도 돈만 벌면 된다고 말할 수 있겠니? 그렇게 말해서는 안 되는 거야. 그런데 하나님 뜻을 깊게 생각하지 않는 사람일수록 모든 일을 그런 식으로 처리하는구나. 그래서 독재도 나오고 전쟁도 터지고 나아가서는 살인에 대량 학살 같은 지옥의 광경이 벌어지기도 하는 거지.

모세가 동족을 불의와 억압에서 건져내겠다고 갸륵한 뜻을 품은 것까지는 좋았는데 그 뜻을 이루고사 사용한 방법(실, way, 道)이 그만 옳지 못했구나. 어떤 사람을 살려내고자 다른 어떤 사람을 죽인다는 것은 무엇보다도 하나님 뜻에 맞지 않거든. 히브리인을 때리는 애굽인도 사실은 똑같은 하나님의 자식이니까. 누가 형을 죽여서 아우를 살리겠다고 나서면 부모가 그러라고 하겠니? 형과 아우를 함께 살리려는 마음, 그게 부모 마음 아니겠어? 이 지구에 살고 있는 모든 사람이 (인종, 민족, 국가, 이념 따위에 상관없이) 한 사람 '아담'의 후손이라는 성경의 주장이 무엇을 뜻하는지 생각해보렴. 그러기에 모든 전쟁이 범죄란다. 아무리 그럴듯한 이유를 내세워도 사람이 사람을 미워하고 죽이는 전쟁은 하나님께 죄를 짓는 행위가 아닐 수 없어.

하나님은 사람이 무슨 일을 얼마나 이루었느냐보다 무슨 일을 어떻게 이루고자 했느냐를 따지시는 분이야. 목적이 수단을 정당화한다(어떤 방법을 쓰든 결과만 좋으면 된다)는 말은 언제나 하나님의 뜻에 맞서는 사탄의 논리라는 게 성경의 한결같은 주장이지.

모세는 안타깝게도 하나님 뜻을 이루고자 사탄의 수단을 썼던 거야. 애굽인을 죽이면 모든 히브리인이 자기의 깃발 아래 모이고, 그러면 바로에게 해방군의 우두머리로서 맞설 수 있겠다는, 그런 생각을 했을는지도 모르지. 그런 걸 하나님 길에 반(反)하는 인간의 길이라고 해. 예수님은 그런 것을 사탄의 길이라고 하셨지.(마태복음 16:21~23)

그러나, 그런 모세의 생각은 자기 멋대로 추리한 공상(空想)일 뿐 현실은 조금도 그를 받아들이지 않았어. 보기 좋게 헛다리를 짚었던 거야. 값진 실패였지.

하나님 일은 떳떳하게

모세의 방법이 잘못된 것이었음은 그의 몸짓에서 이미 드러나. 성경에 보면, 애굽인이 동족인 히브리인을 때리는 것을 본 모세가 '좌우를 살펴 사람이 없음을 보고' 그 애굽인을 쳐 죽여 모래 속에 묻어버렸다고 했는데, 좌우를 살펴 사람이 없음을 보고 무슨 행동을 했다는 말은 그 행동이 떳떳하지 못한 것임을 스스로 알고 있었다는 말 아니겠니? 그래서 비밀스럽게 처치해버렸던 거야. 물론 비밀이라는 게 언제까지나 비밀로 묻혀 있기도 어렵지만, 그보다 더 중요한 것은 하나님의 일이란 그렇게 어둠 속에서 비밀스럽게 이루어지는 게 아니라는 점이란다.

사람들이 예수님을 잡아 죽이려고 숨어서 음모를 꾸밀 때 예수님은 사람들 많은 곳에서 모든 것을 드러내고 떳떳하게 당신 일을 하셨어. 대제사장이 예수님을 심문하며 무엇을 가르쳤느냐고 물었을 때 예수님은 이렇게 대답하셨지.

> 내가 드러내놓고 세상에 말하였노라 모든 유대인들이 모이는 회당과 성전에서 항상 가르쳤고 은밀하게는 아무 것도 말하지 아니하였거늘 어찌하여 내게 묻느냐 내가 무슨 말을 하였는지 들은 자들에게 물어 보라 그들이 내가 하던 말을 아느니라(요한복음 18:20~21)

애들아, 중요한 얘기니까 마음에 잘 새겨두렴. 하나님은 사람들처럼 비밀스럽게 일하시지는 않는단다. 하나님이 일하시는 방법에는 '대외비'라는 게 없어. 사람들이 하는 일도 마찬가지야. 떳떳한 일을 하는 사람이라면 그 일을 어둠 속에서 쉬쉬하며 하겠니? 뭔가 두렵거나 켕기는 구석이 있으니까 비밀로 하는 거지. 그러니까 비밀이 많을수록 올바른 일이 아닐 가능성이 많다고 보면 틀림없어. 너희들, 사람이 세상에서 하는 일들 가운데 가장 비밀이 많은 게 뭐라고 생각하니? 아마 전쟁일 게다. 전쟁터만큼 비밀이 많은 곳도 드물 거야. 따라서 전쟁이야말로 아무리 그럴듯한 핑계를 대어도 인간이 밝은 태양 아래에서 떳떳하게 할 만한 짓이 될 수가 없어. 떳떳하지 못한 일일수록 숨어서 하게 마련이지. 그래서 도둑을 가리켜 밤손님이라고 하지 않니?

하나님 일을 하는 사람이 세상의 음모를 꾸미는 자들처럼 비밀회의를 할 수는 없는 거야. 언제 어디서나 하나님의 일은 떳떳하고 당당하게 내놓고 해야 해. 윤동주 시인의 말처럼 "하늘을 우러러 한 점 부끄럼이 없는" 그런 길만이 하나님의 길이라고 할 수 있어. 태양이 자기를 드러내지 않는 곳이 있니? 빛은 언제나 만물을 드러내기 전에 먼저 자신을 드러내는 법이야. 모세는 사방을 둘러보고 사람이 없는 것을 알고 나서 애굽인을 쳐죽였지. 자기 행동이 떳떳한 것이 아님을 스스로 알고 있었다는 증거야. 거듭 말하지만, 하나님 일을 하는 사람은 언제, 어디, 누구 앞에서든 떳떳하게 일하는 자세를 갖추어야 해.

모세의 그날 행동이 '실패'로 끝난 까닭은 사람들이 자기를 지도자로 세우기도 전에 먼저 스스로 지도자 행세를 했다는 데서도 찾아볼 수 있어. 말하자면 스스로 이스라엘의 지도자가 되려고 했던 거야. 누구든 제 스스로 지도자 자리에 올라설 수는 없는 일이란다. 그런데도 얼마나 많은 '바보'들이 스스로 나서서 자기가 민족의 스승이니, 민중의 지도자니 하며 설치고 다니는지 모르겠구나. 지도자란 그렇게 구렁이 제 몸 추키듯 자신을 부추겨 올라섬으로써 만들어지는 게 아니야. 열이면 열, 백이면 백 그런 식으로 지도자 감투를 쓴 자는 반드시 역사에 좋지 못한 발자취를 남기게 마련이지.

참된 지도자란 자신은 한사코 사양하는데 지도받을 사람들이 기꺼이 받들어 모심으로써 비로소 지도자로 되는 거야. 예수님을 보렴. 사람들이 당신을 억지로라도 왕위에 앉히려고 했을 때 그 낌새를 알아채시고는 혼자서 산으로 도망치시지 않았니?(요한복음 6:15) 오히려 그분은 제자들의 발을 씻어주시며 "나는 섬김을 받으러 오지 않고 섬기러 왔다"고 하셨어. 가장 낮은 자리에까지 내려가셨기에 이윽고 그분은 가장 높은 자리에 오르셨던 거야. 노자라는 이른도 일찍이 "바다가 여러 계곡 물의 왕이 됨은 가장 낮은 곳에서 그 모든 것을 받아들이기 때문"이라고 하셨지.

그런데 모세는 스스로 억압받는 동족의 지도자 또는 해방자가 되려고 했구나. 이튿날 그의 정체는 여지없이 폭로되고 말았지.

"누가 너를 우리의 지도자로 삼았느냐?"

동족인 히브리인 입에서 나온 이 한마디는 모세의 온몸에서 기(氣)를 앗아 가고도 남았을 게다. 보렴, 서리 맞은 호박잎처럼 단박에 풀이 꺾인 모세는 하룻밤 사이에 천하의 겁쟁이가 되어 무기력한 도망자로 되고 말잖니? 그런데, 바로 그것이 모세를 모세로 살렸다는 얘기야!

나약한 강자

뼈아픈 실패를 경험한 모세는 재기 불능인 나약한 인간이 되어 구차스레 목숨을 구하고자 미디안 광야로 도망을 쳤어. 이로써 모세는 동족을 구하겠다는 뜻 같은 것은 까맣게 잊고 낯선 땅 미디안에 가서 그곳 사제인 이드로의 사위가 되어 평범한 남편이자 아버지로 살게 된 거야. 그러나 그것은 그냥 평범한 삶이 아니었지. 사람의 눈으로 볼 적에는 위대한 뜻을 품었던 독립투사가 비굴하게 일신상의 안녕을 꾀하여 초야에 숨어버린 꼴이었지만, 아마 본인도 그렇게 생각하고 모든 것을 포기했겠지만, 하나님 쪽에서는 그게 다 '계산된' 순서요 과정이었거든. 모세는 그런 몰락의 과정을 통해 참으로 순수한 하나님의 종으로 거듭나게 되었던 거야.

사도 바울도 비슷한 경험을 했지. 그의 고백을 직접 들어보자.

> 내가 부득불 자랑할진대 내가 약한 것을 자랑하리라 주 예수의 아버지 영원히 찬송할 하나님이 내가 거짓말 아니하는 것을 아시느니라 다메섹에서 아레다 왕의 고관이 나를 잡으려고 다메섹 성을 지켰으나 나는 광주리를 타고 들창문으로 성벽을 내려가 그 손에서 벗어났노라(고린도후서 11:30~31)

사나이 대장부가 구차스럽게 광주리를 타고 성문을 빠져나갈 만큼 겁에 질렸다는, 그런 얘기 아니겠니? 한평생 목숨 바쳐 복음을 전한 '투사'로서는 부끄럽고 그래서 감추고 싶은 과거지사일 텐데, 오히려 그것을 자랑하다니? 바울이 이런 고백을 자랑스레(?) 하게 된 데는 그럴 만한 내력이 있단다. 간단히 요약하면, 그에게는 어떤 고질병이 있었어. 그 병이 무슨 병인지는 알려지지 않았지만 간질이라고 생각하는 학자도 있고, 지독한 안질이었다고 보는 이들도 있는 모양이더라. 안질이든 간질이든 바울 자신에게는 자기 몸을 '가시로 찌르는 것 같은' 아픔을 주는 병이었어. 그래서 그 고통을 면하게 해달라고 주님께 세 번이나 간청을 했다는구나. 고통도 고통이지만, 하나님의 복음을 전하는 사도로서 그런 질병을 앓는다는 것 자체가 창피하기도 하고 오히려 전도에 장애가 된다고도 생각했겠지. 그러나 그때마다 주님께서는 이렇게 대답하셨다는 거야.

"너는 내 은총을 충분히 받았다. 내 권능은 약한 자 안에서 완전히 드러난다."

비로소 바울은 깨달았지. 그 질병이, 사탄의 하수인으로서 줄곧 자기를 괴롭히지만, 사실은 자신을 교만에 빠지지 않게 하려고 하나님이 베푸신 은총이라는 것을! 또 사람이 하나님과 사람 앞에서 '교만이라는 죄'를 범하는 것보다는 안질이든 간질이든 육체를 찌르는 가시 같은 질병을 안고 살아가는 것이 훨씬 더 낫다는 사실을! 그래서 바울은 '그리스도의 권능이 내게 머무르도록 하려고 더없이 기쁜 마음으로' 자신의 약점을 자랑하게 되었던 거야. "그러므로 내가 그리스도를 위하여 약한 것들과 능욕과 궁핍과 박해와 곤고를 기뻐하노니 이는 내가 약한 그때에 강함이라." (고린도후서 12:10)

마지막 말을 마음 깊이 새겨두기 바란다. "내가 약한 그때에 강함이라." 어째서 그럴까? 사람이 무엇을 한다는 것은, 그가 하나님을 믿는 사람이든 아니든 심지어 무신론자라 하더라도, 본질상 하나님의 힘을 빌려서 하는 것이기 때문이야. 하늘·땅·사람(天地人, 三才)이 함께 작용하여 만들어낸 '밥'을 먹지 않고서는, 하루에 60가마니나 되는 엄청난 양의 공기를 마시지 않고서는, 제아무리 힘센 장사라 해도 손가락 하나 움직일 수 없거든.

그런데 문제는 육체보다 그것을 움직이게 하는 정신(혼, 얼)이야. 사람이란 묘하게도 정신은 썩었으면서 육신은 얼마든지 싱싱할 수 있단다. 그런데 그렇게 되면 자신이 누구의 '힘'에 의하여 움직여지는지를 모르고, 자기가 자기 몸의 주인이요 자기 인생의 주인이라고 생각하여 자기 마음대로 살아가려고 하는 거야. 자기보다 더 높은 존재가 없지. 바로 그것이 인간을 죽음으로 이끄는 '교만'이라는 죄를 낳는구나.

그 병은 역설적이게도 육체가 형편없이 몰락할 때, 자신의 능력으로 더는 아무것도 할 수 없다고 생각될 때 스스로 깨닫게 되고, 그 깨달음이 치료를 시작하게 한단다. 바울은 자기 육체가 약할 때, 나보다 하나님을 의지하며 나보다 하나님을 먼저 생각하게 되어 비로소 진정한 강자로 된다는 비밀을 체득했던 거야. 그래서 "내가 약한 그 때에 강함이라"는 명언을 남길 수 있었지.

모세는 더할 수 없이 나약한 패배자로 굴러 떨어짐으로써 세상에 그 무엇으로도 꺾을 수 없는 하나님의 지팡이(능력)를 손에 잡고 우뚝 일어서게 되었구나!

네 번째 강의

뱀 꼬리를 잡아라

모세가 자신의 생각이나 고집을 버리고 하나님이 시키시는 대로 했을 때, 그의 손에 잡혀 있는 지팡이가 '하나님의 지팡이'로 바뀌었고, 바로 거기서 출애굽의 서막이 끝나고 제1막이 시작되는구나.

❦

　　　뜨거운 역사 현장에서 몸을 피하여 양 치는 목자로 살아가던 모세를 하나님이 호렙 산에서 부르셨어. 이제부터 너는 양떼 몰고 다니는 목자 그만두고 사람 이끄는 목자 되라고. 그 경위를 성경은 이렇게 기록했구나.

　　모세가 그의 장인 미디안 제사장 이드로의 양떼를 치더니 그 떼를 광야 서쪽으로 인도하여 하나님의 산 호렙에 이르매 여호와의 사자가 떨기나무 가운데로부터 나오는 불꽃 안에서 그에게 나타나시니라 그가 보니 떨기나무에 불이 붙었으나 그 떨기나무가 사라지지 아니하는지라 이에 모세가 이르되 내가 돌이켜 가서 이 큰 광경을 보리라 떨기나무가 어찌하여 타지 아니하는고 하니 그 때에 여호와께서 그가 보려고 돌이켜 오는 것을 보신지라 하나님이 떨기나무 가운데서 그를 불러 이르시되 모세야 모세야 하시매 그가 이르되 내가 여기 있나이다 하나님이 이르시되 이리로 가까이 오지 말라 네가 선 곳은 거룩한 땅이니 네 발에서 신을 벗으라 …… 내가 애굽에 있는 내 백성의 고통을 분명히 보고 그들이 그들의 감독자로 말미암아 부르짖음을 듣고 그 근심을 알고 …… 이제 내가 너를 바로에게 보내어 너에게 내 백성 이스라엘 자손을 애굽에서 인도하여 내게 하리라 모세가 하나님께 아뢰되 내가 누구이기에 바로에게 가며 이스라엘 자손을 애굽에서 인도하여 내리이까 하나님이 이르시되 내가 반드시 너와 함께 있으리라 네가 그 백성을 애굽에서 인도하여 낸 후에 너희가 이 산에서 하나님을 섬기리니 이것이 내가 너를 보낸 증거니라(출애굽기 3:1~12)

떨기나무에 불이 붙었는데 타서 없어지지 않는 거야. 모세는 그 이상한 광경을 보고 그리고 다가갔지. "내가 돌이켜 가서 이 큰 광경을 보리라. 떨기나무가 어찌하여 타지 아니하는고." 한 걸음 두 걸음 걸어가다가 드디어 모세는 자기의 이름을 부르시는 하나님 음성을 듣는구나.

불붙은 떨기나무

불붙은 떨기나무, 그런데도 타서 없어지지 않는 떨기나무.

그것이 무엇을 뜻하는지는 여러 가지로 생각해볼 수 있겠지만, 아무튼 '놀라운 광경'인 것만은 틀림없었어. 순간, 이런 생각이 들었는지도 모르지. 눈 깜빡할 만큼 짧은 순간에도 굉장한 생각을 펼칠 수 있는 게 인간의 머리니까.

'떨기나무에 불이 붙었구나. 아무짝에도 쓸모없는 떨기나무, 바짝 마른 사막의 가시나무, 어느 누구 거들떠보지 않고 사람은 물론 짐승까지도 차라리 몸을 피해버리는 천덕꾸러기 가시나무에 불이 붙었어. 이제 저 나무는 끝장이다. 순식간에 없어지고 말겠지. 그런데, 저게 어찌된 일일까? 불꽃이 저렇게 이는데 나무는 타서 없어지지 않네? 불타는 가시나무가 재로 바뀌지 않고 그 모양 그대로 있어. 놀라운 광경이군! 어찌된 일인지 가까이 가서 알아봐야겠다.'

모세는 그 '놀라운 광경' 쪽으로 다가갔어. 그러나 사실 그는 불타는 떨기나무가 아니라 그 '가운데' 계시는 하나님께로 다가갔던 거야.

떨기나무처럼 천덕꾸러기로 살아가는 히브리 백성, 그들이 지금 종살이라는 뜨거운 불길 속에서 타고 있는데 하나님은 바로 그들 가운데 계시는구나. 불붙은 가시나무 같은 이스라엘의 절박한 현실 속에서, '억압을 받으며 괴로워 울부짖는' 당신의 백성 가운데서, 지금 모세를 부르시는구나.

베트남 전쟁이 한창 치열할 때 미국의 대통령이 유명한 기독교 성직자들을 초청하여 백악관에서 조찬 기도회를 마련했단다. 그 무렵, 말콤 보이드라는 젊은 목사가 이렇게 외쳤지.

"조찬 기도회에 참석한 이 나라 성직자들에게 묻는다. 당신들이 평화로운 아침 식탁에 둘러앉아 기름진 음식을 들면서 하나님의 축복이 아메리카와 대통령에게 이슬비처럼 내리기를 기도하는 바로 그때 '메이드 인 유에스 아미(미 육군 제작)' 폭탄이 베트남의 철모르는 아이들과 양민들

머리 위에 우박처럼 떨어지고 있었다. 대답하라. 당신들이 기도를 바치는 하나님이 그때 어디에 있었다고 생각하는가? 당신들의 기름진 식탁인가? 아니면 폭탄 세례로 불타는 베트남인가?"

해방의 주체이신 하나님은 억누르는 자가 아니라 억눌린 자, 남을 울리는 자가 아니라 울고 있는 자들 속에, 불타는 가시나무처럼 누가 보아도 '내일'이 없는 절망의 구덩이 그 '가운데' 계시는 분이란다. 거기서 하나님은 오늘도 역사 현실의 장벽 앞에 또는 자기 자신에게 절망하여 더는 아무것도 할 수 없을 만큼 기력을 상실한 '모세'를 부르시는구나. 귀를 기울여 들어보렴. 누가 너희를 부르지 않는지. 부르는 소리가 들리지 않는지.

모세는 하나님의 부르심을 듣고, 그 뜻밖의 명령을 듣고, 두려워 떨며 '내가 누구이기에' 그런 엄청난 일을 감당하겠느냐고 애써 사양을 했어. 40년 전과는 너무나도 달라진 모습이었지. 정말로 그는 자신이 없었던 거야.

뱀 꼬리를 잡아라

출애굽은 해방의 역사라고 했지? 그것은 히브리 사람들이 애굽에서 가나안으로 공간 이동을 하는 꼴을 갖추었지만, 사실은 노예에서 자유인으로 사람이 바뀌는 데 더 중요한 의미가 있는 사건이란다. 모세라는 한 인간의 변화에서 전체 '출애굽 사건'의 내용을 읽을 수 있고 또 그래야 하는 까닭이 바로 여기에 있어.

자, 이제 좀더 빠른 속도로 모세의 남은 이야기를 살펴보기로 하자. 사람이 하나님 앞에서, 또는 역사 앞에서, '나'라고 하는 존재를 앞세울 때 매우 강한 모습을 보여주는 듯하지만(40세의 모세) 사실은 더할 수 없이 나약한 거야. 그러나 어떤 계기로 그가 바뀌어 더는 하나님과 역사 앞에서 '나'를 내세우지 않게 될 때(80세의 모세) 비로소 참된 힘을 소유한 지도자로 올라설 수 있지. 사람이 스스로 '나'를 내세워 자기 인생뿐 아니라 역사의 주인 노릇을 하려고 할 때 그것이 흡사 썩은 지팡이를 의지하여 산을 오르려고 하는 것과 같다면, 사람이 '나'를 비우고 그 빈자리에 하나님을 모실 때 세상의 무엇으로도 막거나 꺾을 수 없는 힘의 소유자로 바뀐다는 그런 말이다. 바로 그것이 모세의 출애굽이요 해방이었어.

그러나 모세 본인은 자기 몸에 어떤 변화가 일어났는지 아직 모르는구나. 그저 하나님의 새로운 명령 앞에서 두렵기만 한 거야. 그래서 어떻게 해서든지 발을 빼려고 이런저런 핑계를 대지.

"모세가 대답하여 이르되 그러나 그들이 나를 믿지 아니하여 내 말을 듣지 아니하고 이르기를 여호와께서 네게 나타나지 아니하셨다 하리이다."(출애굽기 4:1)

사실 이 말은 그냥 핑계를 대기 위한 핑계는 아니었어. 사십 년 전에 그런 경험을 한 적이 있거든. 히브리인을 괴롭히는 애굽인을 죽였을 때 적어도 자기 동족만큼은 자신을 알아주고 나아가 지도자로 세우지 않겠는가 생각했다가, 바로 그 동족한테 막말로 큰 코를 다치지 않았니? 그때 자기를 등졌던 동족에 대한 불신(不信)을 모세는 아직 버릴 수 없었던 거지. 그러나 이번에는 사정이 다르구나. 모세가 스스로 나서는 게 아니라 하나님이 그를 보내시는 거니까. 모세의 핑계에 하나님이 어떻게 대답하시는지, 그 다음을 읽어보자.

> 여호와께서 그에게 이르시되 네 손에 있는 것이 무엇이냐 그가 이르되 지팡이니이다 여호와께서 이르시되 그것을 땅에 던지라 하시매 곧 땅에 던지니 그것이 뱀이 된지라 모세가 뱀 앞에서 피하매 여호와께서 모세에게 이르시되 네 손을 내밀어 그 꼬리를 잡으라 그가 손을 내밀어 그것을 잡으니 그의 손에서 지팡이가 된지라(출애굽기 4:2~4)

두려워하는 모세에게 하나님이 당신의 능력을 보여주신 거야. 그러나 사실 지팡이를 뱀으로 만드는 것이야 애굽의 마술사들도 쉽게 할 수 있는 일이었지.(출애굽기 7:11)

따라서 그런 '이상한 현상' 쯤으로 모세의 두려움이 사라질 수는 없었다고 봐야 해. 사실이 그랬고. 하나님이 이어서 세 번이나 기적을 보여주시지만 모세는 여전히 꽁무니를 뺐거든.(출애굽기 4:6)

그렇다면, 하나님은 왜 그런 기적을 보여주셨을까? 지팡이가 뱀으로 뱀이 다시 지팡이로 바뀌는(지팡이→뱀→지팡이) '과정' 속에 무슨 비밀스런 의미가 숨어 있는 것은 아닐까?

지팡이란 그때 사람들에게 '힘'을 상징하는 물건이었어. 그래서 시인은 "내가 사망의 음침한 골짜기로 다닐지라도 해를 두려워하지 않을 것은 주께서 나와 함께하심이라. 주의 지팡이와 막대기가 나를 안위하시나이다."(시편 23:4)라고 노래했지. 사람이 '나'를 앞세우고 자기의 계획과 의지로 권력(지팡이)을 행사할 때 그것은 도리어 자신을 위협하는 뱀으로 바뀌게 마련이란다. 자기의 손을 떠나 뱀으로 바뀐 '힘' 앞에서 모세는 무서웠지. 그런데 하나님은 그 꼬리를 잡으라고 하시는구나. 대개 사람들이 뱀을 잡을 때 뱀의 어디를 잡는지 아니? 머리야. 그것이 세상 사람들이 '힘'을 장악하는 방법이지. 그런데 하나님은 그 꼬리를 잡으라고 하시는 거야. 머리가 아닌 꼬리를. 여기에 무슨 숨은 뜻이 있다고 생각되지 않니?

세계 역사를 들여다보면 '혁명'이란 이름으로 불리는 숱한 사건들이 있는데 모두 옳은 것은 아니란다. 그중에는 그릇된 혁명도 얼마든지 있어. 그런 혁명의 주체 세력은 언제나 권력의 머리부터 틀어잡지. 이른바 군사혁명이라는 게 대개 그래. 반대로 옳은 혁명은 언제나 변두리에서 출발하지. 뱀의 머리가 아니라 꼬리를 잡은 거야. 이른바 민중혁명이라는 것들이 대개 그러하단다. 5·16과 4·19를 비교해보렴.

정의로운 혁명들 가운데 가장 대표적인 것이 예수님의 혁명인데, '예수 혁명'은 예루살렘이 아니라 북쪽 변두리 갈릴리에서 비롯되었지. 혁명이란 정치, 문화, 종교, 경제 따위 모든 분야에 발생할 수 있는 것으로서, 참된 혁명은 언제나 '부분'에서 '전체'로, '변두리'에서 '중심'으로, '소수'에서 '다중'으로 진행되게 마련이야.

하나님의 지팡이

　　　　　🙢 모세가 스스로 자신의 지팡이(힘)를 휘두르지 않았을 때, 하나님의 명령에 따라 그 지팡이를 내어 던졌을 때, 그리고 다

시 하나님의 명령에 따라 뱀이 된 지팡이를 잡았을 때, 그 지팡이는 '모세의 지팡이'가 아니라 '하나님의 지팡이'(출애굽기 4:20)로 되었어.

물론 그 지팡이는 겉으로 보아 조금도 달라진 게 없는, 모세가 양을 치면서 짚고 다니던 그 지팡이였겠지. 그러나 속 내용은 전혀 다른 지팡이로 바뀌었구나. 우리도 마찬가지란다. 사람이 자기 몸뚱이를 오로지 자기만을 위해서 쓰겠다고 고집하는 한 그 몸은 나약하고 병들어 죽을 수밖에 없는 그런 몸이지만 그것을 하나님의 명령에 따라 쓰겠다고 결심할 때, 물론 겉으로야 마찬가지로 나약하고 병들어 죽을 수밖에 없는 몸이나, 놀랍게도 그 순간 그의 몸은 '하나님의 몸'으로 바뀌는 거야.

예수님은 진주를 돼지에게 던지지 말라고 하셨지. 세상에 진주를 돼지에게 주는 사람이 어디 있니? 예수님이 그런 말씀 안 하셔도 미친 사람 아니면 아무도 그런 짓은 안 해. 그러면 왜 예수님은 그런 말씀을 하셨을까? 그건, 세상에 그런 사람들이 있기 때문이었어. 있어도 아주 많았지. 진주같이 귀한 자신의 몸을 탐욕이라는 돼지한테 내어 맡기는 거야. 그러면 어찌 되겠니? 탐욕은 끝이 없고, 결국 그의 일생은 영원히 만족할 줄 모르는 목마름과 굶주림 속에서 비참하게 끝나고 말겠지. 예수님은 바로 그 점을 경계하신 거야.

모세가 자신의 생각이나 고집을 버리고 하나님이 시키시는 대로 했을 때, 그의 손에 잡혀 있는 지팡이가 '하나님의 지팡이'로 바뀌었고, 바로 거기서 출애굽의 서막이 끝나고 제1막이 시작되는구나. 마침내 모세는 하나님 손에 사로잡히고 말았어. 그런데도 계속하여 발뺌을 하려고 이런 저런 핑계를 대었지.

모세가 여호와께 아뢰되 오 주여 나는 본래 말을 잘 하지 못하는 자니이다 주께서 주의 종에게 명령하신 후에도 역시 그러하니 나는 입이 뻣뻣하고 혀가 둔한 자니이다 여호와께서 그에게 이르시되 누가 사람의 입을 지었느냐 누가 말 못 하는 자나 못 듣는 자나 눈 밝은 자나 맹인이 되게 하였느냐 나 여호와가 아니냐 이제 가라 내가 네 입과 함께 있어서 할 말을 가르치리라 모세가 이르되 오 주여 보낼 만한 자를 보내소서 여호와께서 모세를 향하여 노하여 이르시되 레위 사람 네 형 아론이 있지 아니하냐 그가 말 잘 하는 것을 내가 아노라 그가 너를 만나러 나오나니 그가 너를 볼 때에 그의 마음에 기쁨이 있을 것이라 너는 그에게 말하고 그의 입에 할 말을 수라 내가 네 입과 그의 입에 함께 있어서 너희들이 행할 일을 가르치리라 그가 너를 대신하여 백성에게 말할 것이니 그는 네 입을 대신할 것이요 너는 그에게 하나님 같이 되리라 너는 이 지팡이를 손에 잡고 이것으로 이적을 행할지니라(출애굽기 4:10~17)

모세가 자꾸 사양하자 하나님이 처음에는 꾸짖으시고 다음에는 크게 화를 내셨다는구나. 이제 모세는 자신의 삶을 자기 마음대로 살아갈 수 없게 된 거야. 이윽고 그는 아내와 아들을 나귀에 태우고 애굽으로 길을 떠났어. 성경은 그날 "모세의 손에 하나님의 지팡이가 들려 있었다"고 기록했지만, 사실은 모세가 지팡이를 든 게 아니라 하나님의 지팡이가 모세를 이끌었다고 보는 게 옳을 거다.

자, 여기서 한번 생각해보자. 우리 몸에는 '힘'이 있어. 힘이 없다면 이렇게 앉아서 이야기를 할 수도 없고, 머리로 생각을 할 수도 없지. 그런데 이 '힘'이 누구의 것일까? '힘'은 우리가 먹고 마시는 기(氣)에서 나오는 거야. 아무리 천하장사라도 숨을 못 쉬게 하면 힘을 쓸 수 있겠니? 쌀을 비롯한 낟알을 다른 말로 곡기(穀氣)라고 해. 곡기를 끊으면 그날로 힘이 사라지고 마는 거야. 쌀도 공기도 물도 알고 보면 모두가 우리 눈에 보이지 않는 기란다. 이 기가 사람의 것이냐? 사람이 자기 마음대로 만들거나 없애거나 할 수 있어? 그럴 수 없지. 왜 그럴 수 없을까? 사람의 것이 아니거든. 그러니 어찌 그 기에서 나오는 힘을 자기의 것이라고 할 수 있겠니? 그런데도 사람들은 저마다 자기 몸에서 나는 힘을 자기 것이라고 생각하는구나. 이 얼마나 큰 착각이냐?

우리의 몸과 마찬가지로 몸에서 나오는 모든 힘이 우리의 것이 아니라 하나님의 것이라는 사실을 깨달아 알게 될 때, 비로소 우리는 '하나님의 사람'이 되는 거야. 모세는 미디안 광야 사십 년 세월을 마감하면서 바로 이 비밀을 깨닫는구나. 머리가 아닌 몸으로! 그리하여 하나님의 지팡이에 이끌려 출애굽이라는 위대한 행진에 앞장을 서게 되는 거야.

다섯 번째 강의
탈출의 참목적

·················
우리가 하나님을 안다는 것은 인생과 사물의 이치를 제대로 안다는 것과 뜻이 통하는 말이란다. 바로는 하나님을 알지 못해서 헛된 것을 잡으려다가 성을 참지 못해 스스로 파멸한 인간이었어.

⚜

　　　　　하나님 지팡이에 이끌려 모세는 마침내 바로 앞에 섰어. 물론 전에 모세를 죽이려고 하던 그 바로는 아니었다고 해도 얼굴만 다를 뿐 속은 똑같은 바로였겠지. 고집스럽고 성 잘 내고 안하무인이고……

　손에 칼도 없고, 등 뒤에 군사도 없고, 마른 지팡이 하나밖에 없는 모세가 바로 앞에 나타나 하나님 말씀을 전하는구나! 아무 기댈 것이 없을 때, 더는 얻거나 잃을 무엇이 없을 때, 있는 것은 다만 목청뿐일 때, 그럴 때 사람은 비로소 힘 있는 말을 할 수 있는 법이란다. 성경에 나타난 예언자들을 보렴. 누구 하나 돈 가방이나 자기를 보호해줄 호위병을 데리고 다닌 사람 있던? 마지막 예언자라고 하는 세례자 요한은 들판에서 메뚜기와 석청(꿀)을 먹으며 옷이라고는 낙타 가죽 한 장을 걸쳤을 뿐이었지.

　지극한 가난! 바로 그것이 그들로 하여금 목숨까지 내걸며 '시대의 바른 소리'를 하게 했던 거야. 지금도 마찬가지란다. 가진 것이 많을수록 힘 있을 것 같지만, 그건 하나님과 거리가 먼 세상에서나 그렇고 하나님의 나라에서는 아무것도 지니지 않은 자가 가장 강한 자야. 예수님은 가진 것을 버리는 것으로도 모자라 '당신 자신까지 비워버리신'(빌립보서 2:7) 분 아니냐?

마른 지팡이 하나 손에 들었을 뿐이지만, 모세는 자기 목숨을 당장에 라도 빼앗을 수 있는 바로 앞에 서서 당당하게 말했어.

"이스라엘의 하나님 여호와께서 이렇게 말씀하시기를 내 백성을 보내라. 그러면 그들이 광야에서 내 앞에 절기를 지킬 것이니라 하셨나이다." (출애굽기 5:1)

그러나 바로가 그 말을 호락호락 들어줄 리가 없지.

"여호와가 누구이기에 내가 그의 목소리를 듣고 이스라엘을 보내겠느냐. 나는 여호와를 알지 못하니 이스라엘을 보내지 아니하리라."

여태껏 종으로 부려먹던 이스라엘을 갑자기 내보내라니 말이 되느냐는 거였어. 그건 곧 나라 전체를 둘러엎으라는 소린데, 요즘 말로 하면, 재벌들이 가지고 있는 호화 별장이나 땅을 모두 농민과 노동자들에게 나눠주라는 것과 비슷한 말인데, 바로가 들어줄 수 있겠니? 그런 말을 쉽게 들어준다면 그는 이미 '바로'가 아니지. 바로는 스스로 "여호와를 모른다"고 했어. 하나님을 모르는 무지(無知)야말로 모든 죄와 악의 뿌리란다.

불교에서는 사람을 괴롭히는, 그래서 끝내 사람답게 살 수도 없고 영원히 괴로움 바다에서 허우적대게 하는 세 가지 무거운 짐이 있다고 가르치지. 그걸 세 가지 독(三毒)이라고 하는데 탐욕(貪, *lobha*), 성냄(瞋,

dosa〕, 그리고 어리석음〔癡, *moha*〕이라는 이름으로 부르더라.

탐욕은 뭔가 끝없이 가지려고 하는 마음이야. 돈도 가지고 싶고, 명예도 가지고 싶고, 권세도 가지고 싶은데, 그 가지고 싶은 마음이 밑 빠진 독이거든. 아무리 가져도 만족할 줄 모르는 마음, 그게 바로 탐욕이지. 많은 사람이 바로 이 탐욕 때문에 한평생 목마르게 헤매고 다니는구나. 가져도 가져도 모자라기만 하다면 그 노릇을 어쩌면 좋단 말이냐?

탐욕은 끝없이 목마르게 하면서 마침내 성을 내게 만들지. 가지고 싶은 것을 마음대로 가질 수도 없지만, 가지고 있던 것을 잃기도 하는 게 어쩔 수 없는 '인생'이거든. 가질 수 없으니까 성을 내고, 가졌던 것을 빼앗기니까 성을 내고……. 그래서 한평생 붉으락푸르락 성을 내면서 살아가는 거야. 성을 내다보면 마음은 물론 몸까지 병들어 결국 비참하게 죽고 말지. 자기만 괴롭히는 게 아니라 남까지 괴롭히면서!

그런데 이 탐욕과 성냄이 모두 어리석음에서 나온다는구나. 어리석음을 다른 말로는 무지(無知) 또는 무명(無明)이라고 하는데, 우리 눈에 보이든 보이지 않든 모든 사물이 덧없고 끊임없이 바뀌는, 참으로 믿고 바랄 만한 것이 못 된다는 사실을 모른다는 뜻이야. 잡으려야 잡을 수 없는 신기루를 향하여 뜨거운 모래밭을 달려가다가 잡지 못하자 성을 내면서 죽어가는 게 깨닫지 못한 인간의 모습이라는 거지.

우리가 하나님을 안다는 것은 인생과 사물의 이치를 제대로 안다는 것과 뜻이 통하는 말이란다. 바로는 하나님을 알지 못해서(어리석어서) 헛된 것을 잡으려다가(그의 무덤인 피라미드는 그가 평생 채우려던 탐욕이 얼마나 컸던가를 잘 보여주지) 성을 참지 못해 스스로 파멸한 인간이었어. 이스라엘을 내보내지 않겠다고 끝까지 고집 부리는 그에게서 우리는 삼독(三毒)에 파묻혀 끝내 헤어나지 못하는 불쌍한 인간의 모습을 그대로 보게 되는구나.

더 나빠진 사정

～"우리 하나님 여호와께 제사를 드리겠다."

모세가 바로에게 한 이 말은 한마디로 해방 선언이었어. 마치 기미년 3월 1일 민족 대표 33인이 일본 제국과 세계를 향하여 조선이 독립국임을 선포한 것과 같지. 우리 하나님 여호와께 제사를 드리겠다는 말은 결국 '우리 하늘을 모시고 살겠다'는 건데 뒤집어서 들으면 더는 바로를 신(神)으로 모시며 살지 않겠다는 말이거든.

바로가 어떻게 그 말을 받아들여 '허락'을 해주겠니? 어림도 없는 소리지. 모세의 '엉뚱한' 청원을 받고, 바로는 졸다가 깨어난 사람처럼 이스라엘 백성을 더욱 못살게 굴기 시작했어. 말하자면 이스라엘로서는 사정이 더 나빠진 셈이지.

바로가 그 날에 백성의 감독들과 기록원들에게 명령하여 이르되 너희는 백성에게 다시는 벽돌에 쓸 짚을 전과 같이 주지 말고 그들이 가서 스스로 짚을 줍게 하라 또 그들이 전에 만든 벽돌 수효대로 그들에게 만들게 하고 감하지 말라 그들이 게으르므로 소리 질러 이르기를 우리가 가서 우리 하나님께 제사를 드리자 하나니 그 사람들의 노동을 무겁게 함으로 수고 롭게 하여 그들로 거짓말을 듣지 않게 하라(출애굽기 5:6~9)

만세 운동으로 일본의 조선 통치가 바짝 긴장되어 물샐틈없는 경계와 억압과 회유로 더욱 강화되었던 것과 마찬가지로, 모세의 해방 선언은 그렇잖아도 힘들게 살아오던 이스라엘 백성을 더욱 고통스럽게 만드는 결과를 낳았구나. 영문을 모르고 바로에게 따지러 갔던 이스라엘인 현장 감독들이 이번에는 모세와 아론에게 대들었어.

"너희가 우리를 바로의 눈과 그의 신하의 눈에 미운 것이 되게 하고 그들의 손에 칼을 주어 우리를 죽이게 하는도다. 여호와는 너희를 살피시고 판단하시기를 원하노라."

우리말 번역이 점잖게 되었다만, 내용인즉 "이 천벌 받을 놈들아, 너희 때문에 우리 모두 죽게 되었다"는 욕설을 퍼부어댄 거야. 모세는 기가 막혔겠지. 하나님의 명령을 받아 시키는 대로 했는데 사태는 오히려 더욱 나빠졌거든.

그래, 해방이란 그렇게 선언이나 청원 정도로 쉽게 이루어지는 것이 아니란다. 바로 앞에서 한 모세의 해방 선언은 앞으로 길게 이어질 대탈출의 첫걸음에 지나지 않았어. 그런데 바로 그 첫걸음부터 앞이 탁 가로막히는구나. 그것도 다른 사람 아닌 이스라엘 현장 감독들에 의해서. 이스라엘인 감독들, 그들은 고난 받는 동족을 더욱 괴롭히는 거머리 같은 존재들이었어. 옛날 우리나라가 일본의 억압을 받아 신음할 때 일본인 형사보다 더 지독하게 백성을 괴롭혔다는 조선인 형사들처럼, 그들은 동족의 아픔 따위보다 자기 한 몸의 평안을 더 소중하게 여기는 그런 인간들이었지.

그들의 거친 욕설과 저주를 듣고, 금방 무슨 해방의 조짐이 보일 것으로 기대했던 모세는 사십 년 전 "누가 너를 지도자로 세웠더냐?"면서 따지는 동족 앞에서 그랬듯이 온몸의 힘이 쑥 빠졌겠지.

그러나 이번에는 사십 년 전과 다르구나. 사막으로 도망을 치는 대신 여호와께 나아가 호소를 하는 거야. 바로 이 '달라진 모습'이 모세를 모세로 만들었지. 모세의 호소를 들어보자.

> 주여 어찌하여 이 백성이 학대를 당하게 하셨나이까 어찌하여 나를 보내셨나이까 내가 바로에게 들어가서 주의 이름으로 말한 후로부터 그가 이 백성을 더 학대하며 주께서도 주의 백성을 구원하지 아니하시나이다(출애굽기 5:22~23)

이건 차라리 호소라기보다 원망에 가까운 말이구나. 사람이 하나님 일을 할 때 자기 생각대로 되리라고 기대하는 것은 잘못이야. 바로 이 잘못 때문에 하나님을 원망하는 말까지 나오게 되는 거지.

그러나 하나님은 모세의 원망스런 호소에 화를 내거나 서운해하거나 꾸중을 내리지도 않으셨어. 으레 그러려니 하고 미리 알고 계셨다는 듯이 대답하시는구나.

> 이제 내가 바로에게 하는 일을 네가 보리라 강한 손으로 말미암아 바로가 그들을 보내리라 강한 손으로 말미암아 바로가 그들을 그의 땅에서 쫓아

내리라(출애굽기 6:1)

이제 막 해방이 시작되었으니 원망이나 호소 따위는 집어치우고 다음에 일어날 일을 보기만 하라는 거야. 하나님은 처음부터 바로가 그렇게 반응할 것을 알고 계셨다는 얘기지. 아니, 아는 정도가 아니라 바로가 거듭되는 재앙을 겪으면서도 끝까지 이스라엘을 풀어주지 않으려고 하는 것이 사실은 하나님이 그렇게 만드셨기 때문이라는 거야. 묘한 아이러니지.

그런데 성경은 바로 이 아이러니〔反語法〕로 이스라엘의 놀라운 신앙을 고백하는구나.

하나님의 배후 조종

바로가 호락호락 넘어가지 않고 처음부터 강한 제동을 걸 것이라는 생각을 미리 했더라면 모세는 아마 훨씬 덜 당황했을 게다. 더구나 동족인 현장 감독들이 들고 일어나 모세와 아론을 저주하며 비난하고 나섰으니 얼마나 황당했겠니? 그러나 겁에 질려 도망하지 않고 곧장 하나님께 호소하는 모세의 모습에서 우리는 사십 년 전과 달라진 '지도자'의 면모를 볼 수 있구나. 간디도 어려운 일을 만날 때마다 하나님을 찾았단다. 그는 하나님을 '진리'라는 이름으로 불렀어. 무엇이 진리냐? 무엇이 참이냐? 어떻게 하는 것이 진리를 붙잡는 것이냐? 어떻게 하는 것이 참의 편에 서는 것이냐? 그는 언제나 길이 막힌다 싶으면 '진리'

에 호소했지. 진리만을 잡고 진리만을 편들고자 했어. 그 한 사람 간디를 젖혀두고 인도의 독립을 생각할 수 있겠니? 그것은 우리가 모세를 젖혀두고 출애굽을 생각할 수 없는 것과 같이, 있을 수 없는 일이야. 이런 뜻에서 볼 때 역사는 나쁘게든 좋게든 '한 사람'의 결단과 연결되어 있단다. 박정희라는 군인 없는 5·16 쿠데타나 루터 없는 종교개혁을 생각할 수 있겠니?

모세는 하나님께 호소했어. 그런데 하나님은 바로가 그렇게 나올 것을 미리 다 알고 계셨다는 얘기야. 아니, 아는 정도가 아니라 아예 하나님이 바로로 하여금 그렇게 억지를 부리도록 만드셨다는구나.

"네가 애굽으로 돌아가거든 내가 네 손에 준 이적을 바로 앞에서 다 행하라. 그러나 내가 그의 마음을 완악하게 한즉 그가 백성을 보내 주지 아니하리니."(출애굽기 4:21)

이게 무슨 말이냐? 하나님이 바로로 하여금 억지를 부려 이스라엘을 내놓지 않게 하시겠다니? 오히려 그 반대로 바로로 하여금 마음을 돌이켜 얼른 이스라엘을 내보내게 하셔야 마땅한 일 아니냐? 그래, 우리 생각에는 그래야 앞뒤가 맞지. 그런데 성경은 우리의 생각과 아주 다른 하나님의 모습을 보여주는구나. 이건 마치, "모세야, 이 문을 열어라" 하시고는 막상 문고리를 잡아당길 때 그 문에 더욱 강한 빗장을 질러버리시는, 그런 태도거든. 이해할 수 없는 하나님 모습이지. 그런데 놀랍게도 이스라엘 백성은, 바로로 하여금 고집을 부려 출애굽 행진의 첫걸음부터 가로막게 하시는 분이 바로 하나님이라는 신앙을 고백한 거야.

우리는 지금 읽는 「출애굽기」라는 책이 출애굽 역사의 현장에서 사관

(史官)에 의하여 그때그때 기록된 것이 아니라, 훨씬 후대에 와서 그동안 입에서 입으로 전해져 내려온 선조들의 이야기를 문자로 기록해놓은 것이라는 사실을 기억할 필요가 있어. 말하자면 이 책은 역사책이면서도 단순히 사실(史實)을 기록해놓은 문서가 아니라, 오히려 이 글을 기록하던 때에 이스라엘 민족이 지녔던 신앙을 고백한 문서라고 봐야 해. 사람은 현명한 것 같지만 어리석기도 해서, 무슨 일을 겪을 때는 그 일을 왜 겪는지 어떻게 겪어야 하는지 잘 모르다가 나중에 그 일을 다 겪고 난 뒤에야 비로소 그 일을 왜 겪게 되었는지 또는 어떻게 겪었어야 하는 건지 깨닫게 되는 일이 많거든.

애굽에서 도망쳐 사십 년 유랑 생활 끝에 겨우 가나안에 사리 잡고 나서 이스라엘도 아마 처음에는 그 '탈출'의 의미와 과정을 제대로 알지 못했을 거야. 그러니까 틈만 나면 모세에게 항의하고 다시 애굽으로 돌아가려 하는가 하면 나중에는 모반을 일으켜 모세와 아론을 제거하려고까지 하지 않니? 그게 사람이지. 그만큼 헛똑똑이야. 그러나 어리석은 가운데 그래도 사람은 사람인지라, 경험을 쌓으면서 배울 것은 배우는구나. 지난번에 이랬으니 이번에도 이럴 것이다. 그러니 지난번에 잘 모르고 저질렀던 실수를 되풀이하지 말자…….

이스라엘은 역사를 통해 하나님을 거듭 확인하면서, 우리에게 일어나는 그 어떤 '사건'도 하나님의 허락 없이는 생겨나지 않는다는 신앙, 아니, 우리에게 일어나는 사건은, 그것이 우리가 바라는 것이든 바라지 않는 것이든 상관없이 모두가 하나님께서 일으키시는 사건이라는 신앙을 가지게 됐던 거야. 이 신앙에 따르면 바로는 이스라엘을 해방시키는 하나님의 '소도구'에 지나지 않는 거지. 이 놀라운 이스라엘의 신앙을 사도 바울은 한마디로 이렇게 고백했구나.

"우리가 알거니와 하나님을 사랑하는 자 곧 그의 뜻대로 부르심을 입은 자들에게는 모든 것이 합력하여 선을 이루느니라."(로마서 8:28)

말하자면 바로가 이스라엘을 내보내기는커녕 오히려 고집을 부려 더욱 못살게 굴기 시작한 것도 '합력하여 선을' 이루는 '모든 것'에 포함된다는 거지.

하나님을 알게 하려고

"우리에게 생겨나는 모든 사건은 하나님이 주시는 것이다." 이런 신앙고백은 이스라엘이 역사 속에서 하나님을 경험하며 어렵게 체득한 진리였어. 나쁜 일도 좋은 일도 모두 하나님이 우리에게 주시는 것이라는 신앙고백은 이스라엘이 고통스런 역사 경험을 통해 체득한 것이면서 동시에 영문을 알 수 없는 '오늘의 고난'을 견뎌낼 수 있는 힘이기도 했단다.

생각해보렴. 마치 유령 인간이 휘두르는 채찍처럼 정체를 알 수 없는 고난이 닥쳐오는데, 보이지 않는 채찍의 주인이 다름 아닌 자기네 조상 아브라함과 이삭과 야곱의 하나님이라고 생각했다면, 채찍을 맞으면서도 절망 대신 어떤 희망을 품을 수 있지 않았겠니?

그러기에 예언자들 눈에는 유다를 멸망시킨 바벨론 군대나 이스라엘을 파멸시킨 앗수르 군대가 모두 '하나님의 종'이요 '하나님의 망치'였어.

> 이제 내가 이 모든 땅을 내 종 바벨론의 왕 느부갓네살의 손에 주고 또 들짐승들을 그에게 주어서 섬기게 하였나니 모든 나라가 그와 그의 아들과 손자를 그 땅의 기한이 이르기까지 섬기리라 또한 많은 나라들과 큰 왕들이 그 자신을 섬기리라(예레미아 27:6~7)

깜깜한 밤에 느닷없이 매를 맞게 되었는데 알고 보니 매를 든 분이 자기 아버지더라는 격이야. 아버지가 자식에게 드는 매는 원수가 치는 매와 뜻이 다르지 않겠니? 느부갓네살은 분명 유다의 '원수'였지만, 사실은 하나님의 손에 잡힌 '망치'였다는 거야.

> 너는 나의 철퇴 곧 무기라 나는 네가 나라들을 분쇄하며 네가 국가를 멸하며(예레미아 51:20)

이러한 신앙고백이야말로 이스라엘을 거듭되는 시련과 고통에서 살아남게 만든 힘이었구나. 역사의 시련과 고난에는 반드시 '뜻'이 있다. 그 뜻을 깨달을 때 민족이 살고 깨닫지 못할 때 민족은 멸망한다……. 이것이 예언자들의 한결같은 목소리였어.

그러면, 하나님이 매를 대면서까지 이루고자 하신 그 '뜻'이란 과연 무엇일까? 한마디로 그것은 이스라엘을 종살이에서 해방하는 분이 하나님 당신이심을 이스라엘뿐 아니라 천하가 모두 깨달아 알게 하려는 것이었어. 하나님을 하나님으로 아는 것, 이것이야말로 참해방이요 땅에 사는 모든 인간이 도달해야 할 유일한 목표라는 얘기지.

하나님을 아는 것이 지혜의 근본이요 모든 행복의 뿌리거든. 하나님을 모르는 사람(바로)이 있는 곳에 종살이와 억압이 있고 하나님을 아는 사람(모세)이 있는 곳에 해방과 자유가 있는 법! 인류 역사란 한마디로 바로의 그늘에서 벗어나 모세와 함께 자유인의 땅으로 향하는 거대한 행진이라고 말할 수 있지 않을까?

바로가 모세의 말을 듣고 선선히 이스라엘을 풀어주는 대신 오히려 더욱 세차게 재갈을 먹이고 괴롭히며 억압의 사슬을 틀어잡게 된 것이 사실은 하나님이 그렇게 하신 것인데, 왜 그러셨느냐 하면 우선은 이스라엘로 하여금 앞으로 이루어질 해방 사건이 처음부터 끝까지 하나님에 의하여 이루어지는 것임을 깨닫게 하고, 뿐만 아니라 바로를 비롯한 애굽인들까지도 하나님을 하나님으로 알게 하려는 것이었다는, 그런 얘기야. 그것이 모세의 해방 선언 뒤에 '더욱 고약해진 현실'의 숨은 뜻이라는 얘기지.

> 나는 여호와라 내가 애굽 사람의 무거운 짐 밑에서 너희를 빼내며 그들의 노역에서 너희를 건지며 편 팔과 여러 큰 심판들로써 너희를 속량하여 너희를 내 백성으로 삼고 나는 너희의 하나님이 되니 나는 애굽 사람의 무거운 짐 밑에서 너희를 빼낸 너희의 하나님 여호와인 줄 너희가 알지라(출애굽기 6:6~7)

이어서 하나님은 바울로 하여금 고집을 부려 선선히 이스라엘을 내놓지 않게 하겠다면서 이렇게 말씀하시는구나.

> 바로가 너희의 말을 듣지 아니할 터인즉 내가 내 손을 애굽에 뻗쳐 여러 큰 심판을 내리고 내 군대, 내 백성 이스라엘 자손을 그 땅에서 인도하여 낼지라 내가 내 손을 애굽 위에 펴서 이스라엘 자손을 그 땅에서 인도하여 낼 때에야 애굽 사람이 나를 여호와인 줄 알리라(출애굽기 7:4~5)

하도 어리석은 게 인간인지라 순순히 말로 가르치거나 타일러서는 이스라엘도 애굽도 하나님을 깨달아 알지 못하겠기에, 양쪽 다 고생을 할 만큼 한 다음에 비로소 하나님을 하나님으로 알아 모시게끔 하겠다는 거야.

공자님이 말씀하시기를, 사람이 도리를 아는 데는 나면서부터 스스로 아는 것(生而知之), 배워서 아는 것(學而知之) 그리고 고생 끝에 아는 것(困而知之), 이 세 가지가 있는데 비록 길은 달라도 일단 앎에 이르고 나면 다 같다고 하셨어.

공자 식으로 말하자면, 이스라엘과 애굽으로 하여금 하나님을 곤이지지(困而知之)하게 하겠다는 것이 거듭되는 시련 속에 감추어진 하나님의 뜻이었다는 그런 얘기지.

여섯 번째 강의
새로운 질서를 향하여

'어린양의 피'라는 말에는 '억울한 죽음'이라는 뜻이 숨어 있는 거야. 죽어야 할 이유 없이 죽는 생명, 티 없이 깨끗하고 그래서 죽는 것 자체가 억울한 그런 생명이 곧 '어린양'이라는 말이지.

❧

자, 드디어 그 유명한 재앙 이야기를 하게 되는구나. 하나님께서 모세를 시켜 바로와 애굽 사람들에게 당신의 힘을 보이려고 이런저런 재앙을 내리셨다는 거야. 그런데 그때마다 바로는 항복하고 이스라엘이 나가는 것을 허락했다가는 재앙이 끝나면 다시 고집을 부려 이스라엘을 붙잡아두었어. 이러기를 무려 아홉 번이나 거듭했다는 것 아니냐? 그러다가 마침내 열 번째 재앙에 이르러 바로는 진짜 항복을 하고 이스라엘이 떠나는 것을 허락하게 됐다는 얘긴데, 나중에 알고 보면 끝내 고집을 부려, 떠나간 이스라엘을 다시 잡아오려고 하지. 바로는 어쩔 수 없이 바로거든. 독재자가 스스로 물러서거나, 노예제도가 아무런 투쟁도 없이 스스로 무너지는 법은 없어.

아홉 가지 재앙

열 번째 재앙 얘기는 뒤에 다시 하겠고, 우선 아홉 가지 재앙을 생각해보기로 하자. 바로가 순순히 이스라엘을 내놓으려고 하지 않자 하나님은 모세를 시켜 아홉 가지 재앙을 차례로 내리시는구나.

첫 번째 재앙이 뭐지? 그래, 물이 피로 변하는 거야. 나일 강은 애굽의 '젖줄' 이어서, 사람과 짐승과 초목이 모두 그 물을 먹고 살아가는데, 그 물이 갑자기 붉은 피로 바뀌었다는 얘기야. 학자들 가운데는 그것이 적조(赤潮) 현상을 가리키는 것이었다고 말하는 이들도 있더라만, 그럴 수도 있겠지. 아무튼 방금 전까지만 해도 '마실 수 있었던 물'이 순식간에 '마실 수 없는 물'로 바뀌었다는 거야. 어떠냐? 강물이 썩어서 죽은 고기떼가 둥둥 떠오르는 우리의 현실에 비추어 보니까 무슨 말인지 곧장 알아들을 만하지 않니? 인간의 문명이라는 게 어떤 꼭짓점에 이르면 그 다음에는 반드시 무너져 내리게 되어 있어. 나일 강변 비옥한 땅에 우뚝 섰던 고대 애굽 문명이 지금은 어떻게 됐지? 사람이 살기 힘든 모래밭에 드문드문 서 있는 피라미드와 스핑크스가 옛날의 찬란했던 문명을 쓸쓸히 회고하고 있을 뿐이구나. 세상일이란 그런 법이야.

물이 피로 변하는 것은 재앙의 시초에 지나지 않았어. 고집스런 바로가 이스라엘을 내보내라는 하나님 명령에 끄떡도 하지 않고 버티자 두 번째 재앙이 떨어졌는데, 이번에는 난데없는 개구리 소동이구나. 나일 강에서 엄청난 개구리들이 올라와 온 집안에 마구 뛰어다니고 기어오르고, 떡 반죽 그릇에도 침상에도 온통 개구리 세상이 된 거야. 요즘 시골에는 쥐들이 굉장한 극성이란다. 사람들이 몸에 좋다면서 닥치는 대로 뱀을 잡아먹는 바람에 쥐들이 살판 난 거야. 그동안에는 들이나 집 안팎에 뱀들이 살면서 쥐를 잡아먹어 적당하게 '먹이사슬'의 균형을 이루었는데 탐욕스런 인간들 때문에 그만 그 균형이 무너지고 만 거지. 바로의 탐욕 때문에 (여기서 말하는 '바로'가 옛날 옛적에 살았던 한 인간을 말하는 게 아니라는 것쯤 알고 있겠지?) 갑자기 개구리가 극성을 부렸다는 이야기가 그냥 '옛날이야기'로만 읽혀서는 곤란해.

그래도 바로는 돌이키지 않았어. 오늘의 인간들도 마찬가지야. 골프장 때문에 산사태가 나서 온 마을이 흙에 묻혀 떼죽음이 났는데도 여전히 인간들은 골프채를 휘두르며 웃고 떠들고 즐기지 않니? 자동차 홍수로 길이 막히고 해마다 엄청난 농토가 차바퀴 아래 깔려 들어가는데도 자가용 숫자는 늘어만 가는구나. 이게 바로요, 이게 어쩔 수 없는 인간이란다. 하나님은 어째서 그 무지하고 고집불통인 바로를 간단하게 처치해버리지 않으셨을까? 그것은 '바로'가 다른 사람 아닌 바로 너와 나이기 때문이야. 우리가 바로 '바로'라구. 알아듣겠니?

그래서 단칼에 처치해버리는 대신 어떻게 해서든지 깨닫게 하려고 세 번째, 네 번째 재앙을 거듭 주시는 거야. 모기가 먼지처럼 사방에 가득 차는가 하면 등에가 온 집안에 들끓고, 가축들이 병들어 떼로 죽고, 사람과 가축이 함께 지독한 피부병으로 온몸이 곪아 터지고, 그런가 하면 우박이 떨어져 풀과 나무는 물론 전염병에서 어찌어찌 살아남은 가축까지 모조리 죽여버리고, 그래도 바로가 고집을 꺾지 않자 드디어 메뚜기가 구름처럼 떼를 이루어 푸른색을 띤 것은 모조리 없애버리는구나. 푸른색이란 생명을 나타내는 색깔인데, 그러니까 온 땅의 생명을 메뚜기 떼가 한꺼번에 휩쓸었다는 말이지.

그래도 바로는 움켜쥔 노예들을 내놓으려고 하지 않았어. 노예란 주인의 삶을 편하게 해주는 도구인데 요즘은 기계들이 그 몫을 대신하고 있지. 옛날 바로가 편하게 살려고 노예를 부렸듯이, 그리고 그 노예를 절대로 포기하지 않았듯이, 오늘의 바로들은 자동차를 부리고 그 자동차를 결코 버리지 않는구나. 드디어 온 땅을 어둠이 덮어버리는 아홉 번째 재앙이 닥쳤다. 사흘 동안 사람들은 서로 알아보지도 못하고 움직이지도 못했다는 거야. '태양의 아들(바로)'이 다스리는 땅에 어둠이 가득 찼구나. 그래도 바로는 고집을 꺾지 않았어. 고집을 꺾기는커녕 오히려 모세에게, 두 번 다시 나타나지 말라고, 한 번만 더 눈앞에 나타나면 죽여버리겠다고 호통을 쳤지. 모세 역시 바로에게 마지막 말을 하는구나.

"내가 다시는 당신의 얼굴을 보지 아니하리이다." (출애굽기 10:29)

열 번째 재앙

아홉 번이나 거듭된 재앙이 바로에게는 아무 소용이 없었더구나. 아홉 번 아니라 아흔 번이었더라도 아마 결과는 마찬가지였을 게다. 그게 인간이거든. 거듭 말한다만, 바로를 나와는 상관없는 다른 나라 먼 옛날 사람으로 생각해서는 안 돼. 그건 '성경'을 읽는 옳은 방법이 아니야. 성경은 어느 시대 어느 곳에서도 그것을 읽는 사람에게 절박한 명령을 내리는 하나님의 살아 있는 말씀이란다. 그러기에 성경을 읽을 때, 제대로 읽으려면, 거기 등장하는 여러 인물과 벌어지는 여러 사건에 자기 자신을 연결지어 읽는 법을 익혀야 해. 하나님이 모세에게 하신 말씀을 바로 자기에게 주시는 말씀으로 받아들이고, 애굽 왕궁에서 벌어지는 사건을 자기 주변에서 일어나는 사건에 연결지어 읽는 거지. 그럴 때 비로소 성경은 모든 인간에게 생명을 주는 영원한 '양식'이 될 수 있는 거야.

아홉 가지 재앙이 바로에게 아무런 효력도 미치지 못했지만, 그렇다고 해서 그 모두가 쓸데없는 과정이었다고는 할 수 없어. 하나님의 역사에 '쓸데없는 과정'이란 것은 없으니까. 그렇다면 그 아홉 가지 재앙은 무엇을 뜻하는 것일까? 어쩌면 그것은 마지막 열 번째 재앙을 예고하는 '예고편'과 같은 것이 아닐까 하는 생각이 드는구나. 그러니까 결국 열 번째 재앙이 내리려고 아홉 번 재앙이 있었다는, 그런 얘기지. 달리 말하면, 만일 열 번째 재앙이 없다면 그 전에 있었던 아홉 재앙에 별다른 뜻이 없다는 얘기야.

열 번째 재앙은 사람과 짐승의 모든 맏자식이 갑작스레 죽는 것이었지. 그냥 병들어 죽는 게 아니라 한꺼번에 살해를 당해 죽는 것이었어. 지금은 많이 덜하지만 당시에는 집안의 맏아들을 가문의 씨앗으로 여겼단다. 그러니까 맏아들이 죽는 것은 그 집안의 맥이 끊어지는 것과 마찬가지였어. 그런데 한 집안에 국한되지 않고 온 나라 모든 집안의 맏아들을 죽인다면, 쉽게 말해서 민족의 씨를 말리겠다는 것으로 해석되지 않았겠니? 인간 세상에 그보다 더한 재앙이 어디 있겠어? 그것은 재앙이라기보다 차라리 무섭고 잔인한 최후 심판이었지. 성경은 바로와 그 백성이 이스라엘을 노예로 부리려고 끝내 고집을 세운 결과 마침내 그 무시무시한 재앙이 하늘에서 내렸다고 기록하고 있구나. 그런데, 그 재앙을 피한 사람들이 있었다는 거야. 누구였지? 그래, 이스라엘 사람들만은 그 무서운 재앙을, 마치 장애물을 피하듯, 피해 갈 수 있었어. 어떻게? 어린양을 잡아 그 피를 문설주에 발랐던 거야.

하늘에서 내려온 '죽음의 천사'들이 양의 피가 묻어 있는 집은 훌쩍 건너뛰었다는구나. 유대인들은 그 날 그 일을 기념하여 오늘도 '유월절'이라는 절기를 지키는데 '유월(逾越)'이란 말은 건너뛰어 넘어간다는 뜻이지. 이스라엘에서는 유월절이 가장 큰 민족 명절이야. 남의 나라에서 종살이하던 선조들을 해방된 나라로 탈출시킨 사건을 기억하면서 그들은 언제 어디서나 역사의 주인이신 하나님을 모시고 살아왔단다.

여기서 한번 되짚어보자. 과연 그때 그 사건은 어떤 식으로 일어났을까? 정말 하늘에서 '죽음의 천사'가 내려와 집집마다 다니며 맏아들과 짐승의 맏배까지 모조리 죽였을까? 그리고 정말 문설주에 피가 묻어 있는 집만 빼놓았을까? 오늘 우리의 보통 상식으로는 받아들이기 어려운 이야기라고 하지 않을 수 없구나. 죽음의 천사 대신 이스라엘 특공대가 그랬다고 한다면 또 모르지. 하긴 그런 식으로 '설명'하는 학자들도 있는가보더라. 그러나 그런 '설명'도 만족스럽지 못하기는 마찬가지야. 정말로 특공대들이 그랬다면 아예 특공대가 그랬다고 자랑스레 기록할 일이지 무엇 때문에 "밤중에 여호와께서 애굽 땅에서 모든 처음 난 것 곧 왕위에 앉은 바로의 장자로부터 옥에 갇힌 사람의 장자까지와 가축의 처음 난 것을 다 치시매 그 밤에 바로와 그 모든 신하와 모든 애굽 사람이 일어나고 애굽에 큰 부르짖음이 있었으니 이는 그 나라에 죽임을 당하지 아니한 집이 하나도 없었음이더라"(출애굽기 12:29~30)라고 기록했겠느냐 말이다. 효과만 따진다면 아예 바로를 죽여버리든가 그의 맏아들만 죽여도 항복 받을 수 있었을 텐데 무엇 때문에 사람과 짐승 나아가서 옥에 갇혀 있는 포로들까지 모조리 그 맏아들을 죽여버린단 말이냐? 성경은 어째서 그토록 터무니없이 잔인한 하나님의 모습을 태연스레 서술한 걸까?

이쯤에서 우리는 성경을 '어떻게' 읽을 것인지 다시 한 번 생각해봐야겠구나. 여기서 길게 설명할 짬은 없지만, 성경이 『조선왕조실록』 같은 사실(史實)의 기록이 아니라 하나님을 믿는 백성의 '신앙 언어'로 기록된, 장대한 '고백'이라는 사실을 기억할 필요가 있어. 그러므로 우리는 모세와 출애굽에 얽힌 여러 '사건'들의 기록에서, 그 기록된 언어 속에 숨어 있는 '뜻'을 찾아 읽어야 하는 거야. 그런 걸 '해석'이라고 하는데, 따라서 성경 읽기는 언제나 그때마다 한 차례 해석하는 작업일 수밖에 없어. 그렇다면, 이 마지막 재앙 이야기에서 가장 깊은 뜻을 지닌 열쇳말은 무엇일까?

어린양의 피

'열쇳말'은 '키워드(key word)'라는 영어의 번역인데 어떤 글을 해석할 때 말 그대로 열쇠처럼 사용하여 글 전체의 뜻을 풀어내는 말이란다. 자, 그러면 우리는 어떤 말(단어)을 열쇠로 사용해서 열 번째 재앙 이야기의 뜻을 제대로 읽어낼 수 있을까? 물론 사람에 따라 다를 수 있겠지만, 여기서는 '어린양의 피'라는 말을 열쇠로 삼아 마지막 재앙 이야기의 뜻을 살펴보기로 하자.

방금 말했듯이 '유월절'은 온 나라의 맏아들(짐승의 맏배까지)이 죽어 간 무서운 재앙에서 이스라엘 백성만 면제받은 것을 기념하는 유대 민족 최고 최대의 명절이야. 그것이 과연 사실이냐 아니냐는 여기서 우리가 물어야 할 적당한 질문이 못 된다는 얘기도 지난번에 했지. 그렇다면 우리는 이 열 번째 재앙 이야기를 읽으면서 무엇을 물어야 할까?(어떤 질문을 가지고 성경을 읽느냐가 성경 읽는 사람에게 가장 중요한 문제거든.)

우선 '어린양의 피'를 열쇳말로 삼았으니 그렇다면 '어린양의 피'가 무엇을 뜻하는지 살펴봐야겠구나. 우리 민족은 유목민이 아니기 때문에 '어린양'이란 말의 뜻이 대뜸 머리에 떠오르지 않지만, 유목민의 후손인 유대인에게는 따로 설명하지 않아도 대번에 그 말의 뜻이 통하게 돼 있어. 그래서 세례자 요한은 제자들에게 예수님을 가리키면서 "보라, 세상 죄를 지고 가는 하나님의 어린양이로다"(요한복음 1:29)라고 말했지. 그 말 한마디면 그들은 더 설명하지 않아도 예수님이 이 세상에서 어떤 존재이신 줄 대뜸 알 수 있었던 거야.

그들에게 '어린양'이란 무엇인고 하니, 자기네 죄를 대신 지고 죽임을 당하는 희생 제물이었어. 양은 풀만 먹는 짐승인데 착하고 순해서 털을 깎거나 죽일 때에도 반항을 하지 않는다는구나. 그렇지만 제물이 되어 죽는 것은 양이 무슨 잘못을 저지른 대가로 죽는 것이 아니라 사람의 잘못을 대신해서 죽는 것이니까 양으로서는 '억울한 죽음'이지.

맞아! '어린양의 피'라는 말에는 '억울한 죽음'이라는 뜻이 숨어 있는 거야. 죽어야 할 이유 없이 죽는 생명, 티 없이 깨끗하고 그래서 죽는 것 자체가 억울한 그런 생명이 곧 '어린양'이라는 말이지.

인간의 역사는 어찌된 셈인지 동서양을 막론하고 억울한 양이 피를 흘림으로써 이어지는구나. 민주주의라는 나무는 피를 먹고 자란다는 말도 있지. 그래, 그게 역사요 인간사(人間事)야. '어린양의 피'가 문설주에 묻어 있지 않고서는 대탈출(해방)의 문을 나설 수 없다는 엄연한 역사의 섭리를 깨달아야 해. 이 뼈저린 교훈이 마지막 재앙 이야기 속에, 유월절의 유래가 된 그날 밤의 사건 속에 담겨 있음을 우리는 깨달아야 해.

해나마 유월설이면 양을 잡아 불에 굽고 누룩 안 든 빵을 먹으면서 유대인들은 자신의 소중한 목숨을 바쳐 민족을 살린 사람들, 그들의 진짜 '어린양'을 기억하는 거지.

그 희생과 거룩한 피를 먹고 지금 이렇게 살아가는 자신을 돌이켜 보면서, 그러면서 그들은 자기도 민족을 위해, 공동체를 위해, 자기가 포함돼 있는 더 큰 자기(大我)를 위해, 한 마리 어린양이 되겠노라, 스스로 다짐하는 거야. 죽어 다시 사는 진정한 삶의 길을 내다보면서!

'어린양의 피'를 먹고 생명을 이어가는 것이 우리의 '역사'라면, 그 억울한 죽음을 기리고 찬양하는 사람들의 역사는 건강하게 이어질 것이고, 반대로 그것을 망각, 경멸하는 자들의 역사는 병들어 마침내 소멸되고 말겠지?

보아라, 재앙은 지금도 저렇게 닥쳐오는구나. 아무도 피할 수 없는 저 세기말적 재앙을 보렴. 오존층에 구멍이 났느니 지구가 온실처럼 되어 빙산이 녹느니 마실 물이 없느니 하는 것은 모두 닥쳐오는 저 마지막 재앙을 예고하는 징조에 지나지 않는단다. 하루에도 몇 가지씩 동식물의 종(種)이 지상에서 영원히 사라지고 있는 오늘, 그 운명이 인간이라는 종에게 언제 닥칠는지 아무도 알 수 없지만, 우리가 지금 이런 자세로 계속 살아가는 한(탐욕과 착취와 살생에 뿌리박은 이 사악한 문명 세계를 유지하면서!), 저 옛날 바로의 고집을 되풀이하는 한, 그날은 반드시 그리고 아주 급작스레 닥쳐들 것임을 이 시대의 예언자들이 저렇게 경고하고 있지 않니?

그런데, 마지막 무서운 재앙의 '그날'이 오히려 새로운 세계를 바라고 나아가는 '탈출의 새 아침'으로 바뀔 수 있다는 얘기야! 단, 그것은 아직 시간이 남았을 때 '어린양'을 기르고 준비한 사람들에게만 주어지는 특권이구나.

남을 위해 자기 목숨을 내놓는 '어린양'을 한 식구로 기른 사람들, 그 억울한 피로 자기 집 문설주를 붉게 물들인 사람들만이 파멸의 날을 해방의 날로 바꿀 수 있다는 그런 얘기야.

새로운 질서를 향하여

온 나라의 맏아들이 죽어간 무서운 재앙에는 바로도 마침내 두 손을 들고 말았어. 그 밤에 모세와 아론을 불러 당장 떠나달라고 '부탁'을 하는구나. "너희와 이스라엘 자손은 일어나 내 백성 가운데에서 떠나 너희의 말대로 가서 여호와를 섬기며 너희가 말한 대로 너희 양과 너희 소도 몰아가고 나를 위하여 축복하라."(출애굽기 12:31~32)

이스라엘 백성이 그동안 '노예'로서 자기네를 편안하게 해주는 줄로만 알았다가 사실은 그들이 '화근(禍根)'이었음을 뒤늦게 깨닫고는 바로뿐만 아니라 온 애굽 사람들이 이스라엘 민족을 내쫓다시피 하여 그 땅에서 몰아내는구나. "애굽 사람들은 말하기를 우리가 다 죽은 자가 되도다 하고 그 백성을 재촉하여 그 땅에서 속히 내보내려 하므로 그 백성이 발교되지 못한 반죽 담은 그릇을 옷에 싸서 어깨에 메니라."(출애굽기 12:33~34)

아마 애굽 사람들이 자기네 땅에 몸 붙여 더부살이를 하는 히브리인들(뜨내기들)을 붙잡다가 종으로 부려먹기 시작했을 때에는 이런 '결과'가 오리라고 미처 생각도 못했을 게다. 노예란 참 편리한 물건이거든. 내가 내 발로 걸으면 발이 아프겠지만, 노예로 하여금 대신 걷게 하고 나는 그의 등에 올라타서 앉아 있기만 하면 되니까. 쟁기질도 노예를 부리면 되고, 전쟁도 노예를 시키고, 그 밖의 모든 힘들고 궂은 일은 노예에게 맡기고 주인은 그 시간에 인생을 즐기면 되는 거야. 쾌락을 찾아, 끝없는 쾌락을 찾아 가능한 모든 일을 시도하면서.

그런데 이런 노예제도가 노예와 함께 그 주인까지도 결국 죽음으로 치닫게 하는 독약이요 저주라는 사실을 성경은 지금 우리에게 일러주는구나. 노예는 사람이면서도 사람대접을 받지 못하니 두말할 것 없고 사실은 노예를 부리는 사람도 해방되어야 할 '갇힌 사람'이라는 얘기지. 그래서 흑인 해방을 신학의 주제로 삼은 제임스 콘(James H. Cone)은 "흑인 해방이 곧 백인 해방"이라고 말했단다. 노예를 부리는 사람도 사실은 그 노예로 말미암아 보이지 않는 '굴레'에 갇힌 존재라는 거야.

오늘 우리네 상황을 살펴보면 좀더 쉽게 이해할 수 있을 게다. 지금은 세계 어딜 가도 노예제도는 없어. 그래, 백여 년 전에만 해도 볼 수 있었던 그런 '노예'는 이제 사라졌어. 그러나 그 대신 다른 모양을 한 노예가 있지 않니? 우리가 해야 할 힘든 일을 대신 해주는 것들 말이야.

저 놀라운 기계를 보렴. 먹이(기름)만 먹여주면 말없이 불평 없이 시키는 대로 부리는 대로 움직여주는 기계야말로 현대판 노예가 아니고 뭐겠어? 노예를 물건 취급한 것은 고대나 중세나 현대나 매일반이지. 물론 사람을 노예로 부려먹는 것과 기계를 노예로 부려먹는 것은 질(質)이 다른 얘기일 수도 있지만 그러나 놀랍게도 그 결과는 마찬가지로 나타나는구나. 옛날 바로와 애굽 백성이 히브리인을 노예로 부려먹은 대가로 맏아들이 죽는 지독한 재앙을 스스로 불러들였듯이 오늘 현대인은 바로 그 편리한 기계 때문에 마음 놓고 물도 마시지 못하고 숨도 쉬지 못하고 병들어 죽어가지 않니? 자신의 생명을 담보로 내어놓고 현대인은 기계라는 노예를 부리고 있는 거야. 옛날 바로가 그랬듯이 현대인은 기계라는 노예를 스스로 풀어주지는 않을 테지만, 그러나 오늘의 노예를 먹여 살리는 화석연료(석유, 석탄 따위)가 머잖아 동이 나고 말면(이건 아무도 부인할 수 없는 사실이란다) 그때 벌어질 노예들의 반란을 현대인은 도무지 감당할 수 없을 거야. 엄청난 재앙이 닥치겠지. 사막으로 바뀐 문명의 폐허에 산처럼 쌓여 있는 쓰레기를 생각해보렴. 그런데, 바로 그 재난의 한복판에서 떨쳐 나와 새로운 질서, 새로운 나라를 향해 '탈출'을 감행하는 사람들이 있으리라고, 「출애굽기」는 지금 우리에게 말해주는구나.

일곱 번째 강의

오직 전진하라!

해방으로 가는 길에 후회란 없는 법! 예수님도 말씀하시지 않았니? "쟁기를 잡고 뒤를 돌아보는 자는 나와 함께 갈 자격이 없다"고.

❖

　　　　이렇게 해서 바야흐로 애굽을 벗어난 해방 공동체의 대장정이 시작되었어. 그것은 물샐틈없는 준비 끝에 이루어진 행사가 아니라 어느 날 급작스럽게 터진 사건이었지. 누룩을 미처 마련하지 못해서 누룩 없는 반죽으로 빵을 구워야 했을 정도였으니까. 바로와 애굽 사람들한테 등을 떠밀리다시피 하여 라암셋(당시 애굽 수도)을 떠난 이스라엘 백성은 곧장 숙곳으로 향했는데 장정만 60만이었다는구나. 학자들 사이에는 이 60만이라는 숫자가 사리에 맞지 않는다고 보아 여러 가지로 해석을 시도하는 이들도 있는가본데, 60만이나 6만이나 아니면 6,000이나 그 '숫자'가 핵심 문제일 수는 없지. 다만, 60만이라는 숫자(표현)에 너무 집착을 하다보면 장정 하나에 딸린 식구 셋만 보태어 계산해도 240만이 되는데 그 대단한 식구의 집단 이동이 과연 당시에 가능했겠느냐는 의문이 생기게 마련이고, 이 의문을 풀지 못할 경우 성경 자체를 의심하게 되는 뜻밖의 곁길로 빠지는 수가 있으니 조심할 일이야. 그래서 성경의 '말(표현)'에 사로잡히지 말고 그 말 속에 담겨 있는 '말씀(뜻)'을 읽으라는 얘기를 자꾸만 잔소리처럼 하게 되는구나.

구름기둥 불기둥

 바야흐로 애굽 땅을 벗어난 이스라엘 백성은 이제부터 탈출의 후반부로 들어가게 되었어. 무슨 말인고 하니, 탈출을 크게 두 가지 측면으로 나누어 볼 때 하나는 '……에서 벗어나는 탈출(exodus from)'이 있고 다른 하나는 '……으로 나아가는 탈출(exodus to)'이 있는데 애굽을 벗어나는 탈출의 전반부는 완료되었고 이제 가나안으로 향해 가는 탈출의 후반부가 시작되었다는 그런 말이야.

그러나 여기서도 물론 '말'에 얽매이면 안 돼. 왜냐하면 이스라엘이 애굽을 벗어난 것으로 탈출의 전반부가 사실상 완료되었다고 볼 수 없으니까. 앞으로 살펴보겠지만, 이스라엘 백성은 애굽 국경을 벗어난 뒤에도 다시 그리로 돌아가려는 유혹을 끝까지 버리지 못했단다. 그러니까 마침내 가나안에 도착하여 정착하게 될 때까지도 '탈출의 전반부(애굽에서 벗어나기)'는 그들 안에서 계속된 셈이지.

이런 사실을 염두에 두고, 다시 앞의 이야기로 돌아가자. 아무튼 숙곳을 떠나 에담에 진을 치면서부터 이스라엘 대탈출의 후반부는 본격화하는구나. 이제부터 벗어나려는 몸부림에서 나아가려는 투쟁으로 탈출의 방향이 바뀌는 거야. 다른 말로 하면 부정적·소극적 탈출에서 긍정적·적극적 탈출로 전환하는 거지.
　여기 바로 이 시점에서 성경은 하나님이 몸소 그들의 앞길을 인도하셨다고 증언하는구나.

> 그들이 숙곳을 떠나서 광야 끝 에담에 장막을 치니 여호와께서 그들 앞에서 가시며 낮에는 구름기둥으로 그들의 길을 인도하시고 밤에는 불기둥을 그들에게 비추사 낮이나 밤이나 진행하게 하시니(출애굽기 13:20~22)

　낮에는 구름기둥이요, 밤에는 불기둥이라니 그만하면 완벽한 '이정표' 아니냐? 그런데 그 완벽한 이정표를 따라 나아가는 행진이 일사천리로 뻗는 대신 어찌 보면 갈팡질팡 정처 없는 '유랑'처럼 광야를 사십 년 동안이나 헤맸더라는 얘기지. 그게 바로 '출애굽'의 비밀이요, 하나님이 이끄시는 역사의 비밀이란다. 팔레스타인을 통과하는 길로 곧장 가면 넉넉잡고 넉 달이면 갈 수 있는 거리를 이리 돌고 저리 돌고 여기서 막히고 저기서 머물며 사십 년간 피곤하고 위험스런 방랑의 여정을 거친 끝에, 처음 떠났던 세대는 모두 죽고 그 다음 세대가 겨우 목적지에 이를 수 있도록 이스라엘을 몸소 이끄신 하나님의 속뜻을 찾아 읽어야 해. 그래서 '출애굽'을 단순한 민족의 공간 이동이 아니라고 말하는 거야.
　그것은 오히려 더럽혀진 민족을 깨끗이 정화하는 민족 대각성 또는 민족 대갱신의 과정이라고 봐야 해. 사람이 한반도에서 사느냐 발칸 반도에서 사느냐 아니면 아메리카 대륙에서 사느냐가 근본적으로 중요한 것은 아니거든. 그가 하나님과 이웃 앞에서 저 장엄한 대자연 속에서 '어떻게' 살아가느냐 하는, 이른바 그의 실존(實存)이 중요하다는 말이야. 이스라엘은 '출애굽'을 통해, 종살이하던 애굽에서 자기네 하나님을 모실 수 있는 가나안으로 공간 이동을 하면서 사실은 고향(아버지의 품)을 떠난 인간의 오염된 몸을 씻고 본디의 깨끗한 몸을 회복했던 거야. 바로 이 일을 위해 넉 달이면 갈 수 있는 거리를 사십 년 동안 헤매면서 온갖 체험을 통해 잃었던 하나님을 되찾아야 했구나.

구름기둥 불기둥은 그들을 밤낮없이 인도했어. 모세는 그 기둥의 인도를 따라 백성을 이끌었을 뿐이야. 모세가 중요한 것이 아니라 그를 이끄신 하나님이 중요하다는 사실을 잊어서는 안 돼. 물론 모세는 위대했지. 그러나 그의 위대함은 하나님 앞에서 자신을 비워 '아무것도 아닌 자'로 설 수 있었다는 바로 그 사실에 있단다. 구름기둥 불기둥은 이스라엘을 인도할 뿐 아니라 그들을 보호하기도 하고 위기에서 건져주기도 했어. 애굽의 추격군이 닥쳤을 때 이스라엘 진과 애굽 진 사이를 가로막아 더 이상 접근하지 못하게 했지.(출애굽기 14:20)

이렇게 이스라엘을 몸소 이끄신 하나님이지만 태풍이 가랑잎 휘몰아 가듯 강제로 이스라엘을 이끌지는 않으셨다는 사실을 우리는 기억해야 해. 하나님의 이끄심과 이스라엘의 순종, 이 둘 사이의 간격 없는 조화(調和), 바로 그것이 '출애굽'의 목적이요 과정(수단)이거든.

"구름이 성막 위에서 떠오를 때에는 이스라엘 자손이 그 모든 행진하는 길에 앞으로 나아갔고 구름이 떠오르지 않을 때에는 떠오르는 날까지 나아가지 아니하였으며……." (출애굽기 40:36~37)

홍해 바다 앞에서

🖎바로가 마지막 재앙에 항복하고 이스라엘 백성을 풀어주자 이어서 하나님의 구름기둥 불기둥이 위대한 지도자 모세를 앞장세워 인도하시니 그 행진의 당당함이 어떠했겠니? 이스라엘은 '의기양양하게' 앞으로 나아갔지. 그러나 그들은 '예측 못 할 앞날'에 대한 불안이 자기네 마음 깊은 곳에 숨어 있다는 사실을 미처 몰랐구나.

사람이란 그런 거야. 자기 속마음이 어떤지를 스스로 아는 사람은 거의 없다고 봐도 돼. 겉으로 인식(認識)되는 감정이나 생각 말고 우리의 '마음' 속에는 스스로 느끼거나 알 수 없는 이른바 잠재의식이라는 게 있는데, 바로 그 잠재의식이 인간의 행동과 사고(思考)를 대부분 결정한다는 거야. 그러므로 중요한 것은 언제나, 유행가 노랫말에 있듯이 "내 마음 나도 몰라"의 그 마음이란다. 그것이 바뀌지 않고서는 결코 새사람이 될 수 없거든.

하나님은 이스라엘 백성이 엉겁결에 애굽을 떠나 약속된 땅으로 탈출을 시작하기는 했지만, 그 마음 깊은 곳에 여전히 '종살이'를 그리워하는 마음(잠재의식)이 남아 있음을 아셨어. 종살이를 그리워하다니, 무슨 말이냐고? 글쎄, 얼핏 들으면 그럴 수가 있겠느냐 싶지만 사실이 그러했단다. 자신의 운명을 스스로 개척하면서 겪어야 하는 고통이나 위험보다는 시키는 대로 하고 그 대가로 얻는 배부름과 안락이 더 좋다고 생각하는 사람들이 뜻밖에도 많이 있었거든. 아니, 그런 사람은 그때뿐만 아니라 오늘 우리 주변에서도 자주 만날 수 있어. 그들은 이렇게 말하지. "차라리 일정(日政) 때가 좋았어." "그래도 박정희 시절이 좋았지, 노사분규 없이도 잘들 살았으니까."

 이스라엘 백성의 마음과 몸 깊은 곳에 배어 있는 병든 잠재의식과 버릇을 뿌리 뽑아 버리지 않는 한 참된 '출애굽'은 이루어질 수 없음을 하나님은 알고 계셨어. 그러자면 무엇보다도 이스라엘 백성 스스로 자신의 속 깊은 곳에 숨어 있는 그 병든 '마음'을 알아볼 수 있도록 도와줘야 했지. 그것은 그늘을 좋아하는 곰팡이처럼, 드러나 밝은 빛을 쬐면 사라지고 마는 그런 마음이거든. 이스라엘 백성의 속 깊은 곳에 자리 잡은 병든 마음과 병든 버릇, 그런 것을 근성(根性)이라고 하는데, 노예 생활을 그리워하는 근성이라고 해서 '노예근성'이라고 부르지. 그것을 깨끗이 씻어버리기 위해 하나님은 사십 년이라는 오랜 기간을 두고 이스라엘을 이리저리 끌고 다니셔야 했구나. 안락한 노예로 사는 것이 불안한 자유인으로 사는 것보다 낫다고 생각하게끔 병들어버린 '마음'을 청산하지 않는 한 아무리 '몸뚱이'가 자유천지에 와 있어도 그는 아직 노예일 따름이니까. 적절한 비유가 될는지는 모르겠다만, 하나님은 이스라엘이라는 빨래의 때를 말끔 씻어내기 위해 사십 년간 '사막'이라는 세탁기에서 이리저리 휘두르신 셈이지.

 유명한 홍해 바다 사건도 그런 목적으로 일어난 것이라고 볼 수 있어. 하나님은 이스라엘을 "바다와 믹돌 사이의 비하히롯 앞 곧 바알스본 맞은편 바닷가에"(출애굽기 14:2) 진을 치게 하셨지. 말하자면 그들의 앞길을 일단 바닷물로 막으신 거야. 그러고는 바로의 마음을 다시 부추겨 이스라엘을 추격하게 하셨구나. 바로는 마음이 변하여 "우리가 어찌 이같이 하여 이스라엘을 우리를 섬김에서 놓아 보내었는가" (출애굽기 14:5) 하고는 특수 병거 육백 대로 편성된 정예부대를 앞세워 애굽에 있는 모든 병거를 총동원해가지고 이스라엘의 뒤를 쫓아 나섰어.

앞에는 바다, 뒤에는 추격군! 진퇴양난의 위기에 처하자 드디어 이스라엘 백성의 마음속 깊은 데 숨어 있던 '근성'이 겉으로 드러나는구나. 그들은 한목소리로 모세를 원망했지. "애굽에 매장지가 없어서 당신이 우리를 이끌어내어 이 광야에서 죽게 하느냐. 어찌하여 당신이 우리를 애굽에서 이끌어내어 우리에게 이같이 하느냐. 우리가 애굽에서 당신에게 이른 말이 이것이 아니냐 이르기를 우리를 내버려두라 우리가 애굽 사람을 섬길 것이라 하지 아니하더냐 애굽 사람을 섬기는 것이 광야에서 죽는 것보다 낫겠노라." (출애굽기 14:11~12)

그들은 무서운 열 가지 재앙과 그 재앙에서 건짐 받는 체험을 했지만 그 놀라운 체험이 아무런 도움도 되지 못했어. 왜냐하면 그들 마음속 깊은 곳에 하나님을 믿는 믿음이 아직 자리 잡지 못했거든.

'출애굽'이란, 이스라엘 백성의 속마음을 차지하던 노예근성이라는 가짜 주인을 몰아내고, 참주인이신 하나님을 모시는 과정이었다고 봐야 해. 모세는 그들의 두려움을 하나님께 향한 믿음으로 바꾸려고 이렇게 말하는구나.

"너희는 두려워하지 말고 가만히 서서 여호와께서 오늘 너희를 위하여 행하시는 구원을 보라. 너희가 오늘 본 애굽 사람을 영원히 다시 보지 아니하리라." (출애굽기 14:13)

일방통행

🖎 모세가 백성의 아우성에 어쩔 줄 모르고 하나님께 도움을 청하자, 하나님이 모세에게 이르셨어.

너는 어찌하여 내게 부르짖느냐 이스라엘 자손에게 명령하여 앞으로 나아가게 하고 지팡이를 들고 손을 바다 위로 내밀어 그것이 갈라지게 하라 이스라엘 자손이 바다 가운데서 마른 땅으로 행하리라(출애굽기 14:15~16)

전진(前進), 오직 전진하라!
이것이 하나님의 명령이었어. 해방으로 가는 길에 후퇴란 없는 법! 예수님도 말씀하시지 않았니? "쟁기를 잡고 뒤를 돌아보는 자는 나와 함께 갈 자격이 없다"고. 앞에서도 말했다만, 탈출 행진은 일방통행이야. 애굽에서 가나안으로, 종에서 자유인으로, 오직 그 방향으로 나아가는 것이 '탈출'이란 말이다. 가나안에서 애굽으로 돌아가는 길은 탈출의 과정에서 한 걸음도 허용될 수 없어.

뒤돌아가는 건 그만두고 뒤를 돌아다보는 것만으로도 새로운 세계의 상속자가 될 수 없다는 것이 저 유명한 롯 이야기의 내용 아니냐? 무슨 일이 있어도 뒤를 돌아보지 말라는 천사의 말에 롯은 그대로 따랐지만 그의 아내는 뒤를 돌아보다가 그만 소금기둥으로 변했거든.

앞에는 바다, 뒤에는 추격군, 그 진퇴양난의 처지에서 어쩔 줄을 모르는 백성에게 하나님은 주저하지 말고 앞으로 나아가라고 하시는구나.

만일 출렁이는 바닷물이 앞을 막지 않았다면 이스라엘 백성이 모세를 원망할 일도 없었겠지만, 사람에게 불가능으로 보이는 일을 정면으로 돌파하시는 하나님의 능력을 경험할 기회도 없었겠지. 그래서 위기는 또 다른 기회라고 하는 거야. 신앙이란 "나아가라"는 한마디 명령에 따라 한 치 앞을 내다볼 수 없는 어둠 속으로 성큼 발을 내딛는 것이란다. 그런 모습을 일찍이 우리 선조들은 "백 척 높이 장대 위에서 한 발 앞으로 내딛는다〔百尺竿頭進一步〕"는 말로 표현했지.

모세가 하나님이 시키신 대로 팔을 바다에 뻗치자 밤새도록 바람이 불이 바닷물이 양편으로 갈라시고 마른 바닥이 드러났다는구나. 유명한 영화 〈십계(十戒)〉에서 그 장면이 아주 그럴듯하게 연출되었지. 정말로 그런 일이 일어날 수 있다고 믿어지니? 믿어지거든 그렇게 믿으렴. 그러나 아무리 믿으려고 해도 믿어지지 않는 사람이 있을 거야. 그런 사람에게도 그대로 믿으라고 강요하는 건 어리석은 것이지. 믿음이란 강요나 설득으로 이루어지는 게 아니거든.

다만, 몇 번씩이나 거듭 말했지만 여기서도, 성경의 '말(이야기)' 그 자체보다 그 말이 전해주고자 하는, 또는 그 말이 가리키는 '뜻(의미)'을 읽어야 한다는 사실을 잊어서는 안 돼. 그렇다면 이 '홍해 바다' 사건이, 그 사건에 대한 기록(언어)이, 우리에게 무엇을 전해준다고 생각하지? 스스로 생각해보렴.

'홍해 바다'가 실은 '갈대 바다'인데 번역을 하면서 잘못 옮긴 것이라는 설명도 있어. 틀린 설명은 아니다만, '홍해 바다'를 '갈대 바다'로 고쳐

읽는다고 해서 이 '이야기'가 우리에게 전해주려고 하는 진짜 속뜻이 더욱 분명해지는 건 아니란다. 오히려, 이런 신화적 언어를 인간의 이성이 납득할 수 있는 합리적 언어로 바꾸었을 경우, 그 전달코자 하는 '뜻'이 흐려질 수도 있다는 사실을 염두에 둘 필요가 있어. 어차피 성경은 인간의 '언어'로 설명하거나 파악될 수 없는 세계(하나님의 세계)를 말해준다는 사실을 잊어서는 안 돼.

그러니 과연 바닷물이 그렇게 갈라질 수 있느냐, 저 남해의 어느 섬 앞바다가 일 년에 한 번씩 썰물로 바닥이 드러나는 것처럼 그런 현상이 일어났던 거냐, 아니면, 홍해 바다가 아니라 갈대 바다였기 때문에 물이 갈라지는 건 있을 수 없는 얘기고 다만 그 늪지대에서 이스라엘 특공대가 애굽 추격군을 멋지게 패퇴시킨 것을 그렇게 표현한 것이냐, 따위로 논쟁을 하는 것은 성경이 우리에게 전해주려는 그 '속뜻'에 가 닿는 데 별로 도움이 안 된다고 보지 않을 수 없구나.

여기서 다시 한 번 '성경을 보는 눈'에 대한 우리의 생각을 검토해볼 필요가 있어. 동양의 스승들은 언제나 인간의 말(言語)이 지닌 한계를 염두에 두고, 말에 얽매이지 않으면서 말이 가리키고 있는 것을 보도록 우리를 가르쳐왔단다. 이제 우리는 그 '동양의 눈'으로 성경을 읽어볼 때가 되었다고 생각해.

여덟 번째 강의

유랑 사십 년

만나는 처음부터 끝까지 하나님이 일방으로 베푸신 은혜였지. 사람이 공(功)을 쌓아서 스스로 만든 양식이 아니었다는 말이야. 그러기에 그것을 모두 함께 나눠야 했어.

⚜

이스라엘 백성 육십만 명이(그것도 장정만 세었을 때) 대탈출을 했다고 성경은 기록했는데, 육십만이든 육만이든 아니면 육천이든 아무튼 적은 식구가 아니었을 터인데 그 많은 사람이 사십 년이나 광야를 유랑했다니 우선 무엇보다도 그동안에 식량문제를 어떻게 해결했는지 그게 궁금하지 않겠니? 그들은 광야에서 무엇을 먹었을까?

만나와 메추라기

～이 물음에 대하여 성경은, 만나와 메추라기를 먹었다고 대답하는데, 만나라는 것은 씨 뿌려 거두는 곡식이 아니라 새벽에 서리처럼 땅에 덮여 있다가 거두어들이고 남으면 햇볕에 녹아 없어졌

다는 거야. 학자들은 '만나'의 정체가 무엇인지 밝혀보려고 많은 노력을 했지. 최근 알아낸 바에 따르면 사막 여기저기 흩어져 있는 위성류 잡목 수풀에 사는 깍지벌레의 분비물이 성경의 만나일 것이라는구나. 그렇다면 결국 벌레의 똥이라는 말인데 만나가 벌레의 분비물이라는 사실이 밝혀졌다고 해서, 이스라엘 사람들이 날마다 들판에 나가 '하늘에서 내린 양식'(요한복음 6:31)인 만나를 먹고 살았다는 사실이 바뀌거나, 그 사건의 '뜻'이 더욱 분명해지는 건 아니지.

'만나'란 도대체 무엇이냐? 그것이 그때 거기 있었다면 지금도 새벽마다 서리처럼 깔려 있어야 하는 것 아니냐? 이런 식으로 궁금하게 여기는 것을 호기심이라고 하는데 그런 호기심은 채워도 채워도 만족되지 않는 것이며, 아울러 그런 호기심을 충족하려고 애쓰는 동안 '진실'로부터 멀어지게 하는 좋지 못한 기능을 하기도 한단다. 만나의 정체를 과학적으로 입증한다는 것은, 이스라엘이 제 힘으로 양식을 만들지 못하고 전적으로 하나님한테서 그것도 날마다 겨우 일용할 만큼 받아먹었다는 '사실'의 뜻을 이해하는 것과 서로 관계가 없을 뿐 아니라 오히려 성경의 뜻을 제대로 깨닫는 일에 방해가 될 수 있다는, 그런 얘기야.

불경(佛經)에 보면 이런 얘기가 있어. 어느 날 마룽가붓타라는 제자가, '우주는 영원한가?'라는 형이상학적 질문으로 혼자 씨름하다가 석가한테 가서 "세존께서는 어째서 '우주는 영원한가, 아니면 영원하지 않은가'에 대한 말씀을 해주시지 않느냐"고 불평을 하지. 그러자 석가는 마룽가붓타에게 유명한 독화살 비유를 들려주었단다.

마룽가붓타여, 어떤 사람이 독화살을 맞았다고 하자. 그의 친구가 와서 그를 의사에게 데리고 갔다. 그런데 그가 "나를 쏜 사람이 누군지 알아야 치료를 받겠다. 그가 무사(武士)인지 승려인지 평민인지 노예인지, 키는 작은지 큰지 또는 중간인지, 안색은 검은지 푸른지 노란지, 그가 어떤 도시에서 왔는지 또는 시골에서 왔는지, 그리고 내가 맞은 독화살이 어떤 종류의 것인지, 화살의 깃털은 어떤 것인지, 화살촉은 무엇으로 만들었는지, 그런 것을 먼저 알아야겠다"고 말한다면 그는 그 모든 것을 알기 전에 죽을 것이다. 이와 같이 마룽가붓타여, 만일 누가 "나는 우주가 영원한 것인지 또는 영원하지 않은 것인지 그것부터 알아야겠다"고 말한다면, 그는 여래로부터 답을 다 듣기도 전에 그 질문과 더불어 죽고 말 것이다. 그러므로 마룽가붓타여, 나는 해명할 것을 해명했고, 해명하지 않을 것을 해명하지 않았다. 이 사실을 명심하여라. 나는 어째서 우주의 영원성을 해명하지 않았는가? 그것은 기본적으로 거룩한 삶을 살아가는 데 상관이 없으며 고(苦)를 멸하고 해탈로 나아가도록 이끌지 못하기 때문이다.

만나가 무엇인지, 그것을 알아보려고 노력하는 그 자체를 비난할 필요는 없겠지. 그러나 그런 식의 성경 공부가 성경에 관한(about) 이런저런 지식을 두루 갖추게는 할 수 있지만, 성경 말씀의 생명력에 사로잡혀 새 사람으로 거듭나게 하는 데는 별로 도움이 안 될 뿐 아니라 오히려 방해가 될 수도 있음을 우리는 분명히 알아야 해. 성경은 우리에게 '지식'이 아니라 '힘'과 '명령'을 내리는 하나님의 말씀이거든.

이스라엘이 만나와 메추라기를 먹었다는 것은, 그들의 하루하루 삶이

전적으로 하나님께 달려 있었다는 그런 얘기지. 인간을 의지하는 삶(노예 생활)에서 하나님만을 의지하는 삶(자유인)으로 바뀌는 것이 출애굽기의 내용이라면, 그들은 사십 년 유랑 생활 속에서 그러한 삶이 어떤 것인지 실제로 경험하고 그런 경험에 익숙해져야 했던 거야. 그리고 노예에서 자유인으로 바뀌는 것은 고기 가마 곁에서 배불리 먹던 삶을 등지고 하루하루 그날의 양식만으로 겨우 연명하는 쓰라림과 아픔을 겪지 않고서는 불가능한 일이었더구나.

일용할 양식

　　　　　🙢 이스라엘 백성이 광야에서 만나를 먹고 살았는데 그것은 언제나 '일용할 양식'이었어. 하나님은 내일을 위해 만나를 남겨두지 말라고 하셨단다. 그 대목의 성경을 읽어보기로 하자.

> 이스라엘 자손이 보고 그것이 무엇인지 알지 못하여 서로 이르되 이것이 무엇이냐 하니 모세가 그들에게 이르되 이는 여호와께서 너희에게 주어 먹게 하신 양식이라 여호와께서 이같이 명령하시기를 너희 각 사람은 먹을 만큼만 이것을 거둘지니 곧 너희 수효대로 한 사람에 한 오멜씩 거두되 각 사람이 그의 장막에 있는 자들을 위하여 거둘지니라 하셨느니라 이스라엘 자손이 그같이 하였더니 그 거둔 것이 많기도 하고 적기도 하나 오멜로 되어 본즉 많이 거둔 자도 남음이 없고 적게 거둔 자도 부족함이 없이

> 각 사람은 먹을 만큼만 거두었더라 모세가 그들에게 이르기를 아무든지 아침까지 그것을 남겨두지 말라 하였으나 그들이 모세에게 순종하지 아니하고 더러는 아침까지 두었더니 벌레가 생기고 냄새가 난지라 모세가 그들에게 노하니라 (출애굽기 16:15~20)

만나는 처음부터 끝까지 하나님이 일방으로 베푸신 은혜였지. 무슨 말이냐 하면 사람이 공(功)을 쌓아서 스스로 만든 양식이 아니었다는 말이야. 그러기에 그것은 모두 함께 나눠야 했어. 어느 누구도 그것을 독차지해서는 안 되었지. 생각해보렴. 누가 공기를 독점할 수 있겠니? 아무도 그것을 혼자서 가실 수는 없어. 왜냐하면, 공기는 사람의 생산품이 아니라 하나님께서 주시는 것이기 때문이야.

그러나 어찌 공기뿐이겠니? 사람이 살아가면서 쓰고 누리는 모든 것 가운데 하나님께로부터 공짜로 받은 것 아닌 게 없지. 우리가 제일 소중하게 여기는 목숨도 우리가 만든 우리의 것은 아니야. 하물며 우리가 쓰는 물질이야 말해 무엇하겠니? 그런데도 우리는 이건 내 물건이라고 생각하면서 욕심을 부리고 그 욕심 때문에 다투기도 하는구나. 이스라엘 백성은 '출애굽'을 통하여 바로 그 사리사욕(私利私慾)이라는 감옥에서도 벗어나야 했어. 그러기 위해 '만나'를 쌓아두지 말라는 하나님의 말씀을 현실에서 순종하는 가운데, 하늘의 선물인 물질을 함께 나누는 삶을 몸으로 경험해야 했던 거야. 경험을 통해서 배우는 것보다 더 나은 공부가 없거든.

사유재산이란 처음부터 있는 게 아니라 지금까지 공동의 재산이었던 것을 어떤 사람이 빼앗아 독점한 것이야. 사유(私有)라는 말의 영어인

'private'는 라틴어 '프리바레(privare)'에서 나온 말인데 프리바레는 '빼앗다'라는 동사란다. 지금의 자본주의 사회에서는 사유재산이 아무도 다칠 수 없는 성스런 것으로 여겨지지만, 성경이 말하는 하나님의 질서 속에서는 사유재산 자체가 있을 수 없는 것이지. 저 유명한 초대교회를 보렴. "믿는 무리가 한마음과 한뜻이 되어 모든 물건을 서로 통용하고 자기 재물을 조금이라도 자기 것이라 하는 이가 하나도 없더라."(사도행전 4:32)

바로 그거야. 애굽 땅에서 네 것 내 것 나누어 서로 많이 가지려고 다투며 사는 삶이 몸에 배었던 이스라엘 백성은 광야에서 만나를 하루 먹을 만큼씩 배급받아 살면서 하나님이 주시는 것을 아무도 독점할 수 없으며 독점하려고 해서도 안 된다는 사실을 몸으로 배워야 했더구나.

날마다 그날 먹을 만큼만 양식을 배급받는다는 게 무엇을 의미하겠니? 내일을 위해 쌓아두지 말라는 건데, 그건 하나님의 도우심을 받지 않고도 살아 보겠다는, 그런 마음에서 나오는 행동을 하지 말라는 것 아닐까? 바꾸어 말하면, 내일을 위해 양식을 쌓아두면 그만큼 이른바 안심하게 되고, 스스로 안심하게 되면 구태여 하나님을 찾을 필요가 없게 된다는 거지. 바로 그것이 예수님 비유에 나오는 어리석은 부자의 모습이구나.

문제는 누가 물질을 쌓아둔다는 건 어디까지나 자기를 위한 것이고, 그래서 쌓아두면 쌓아두는 만큼 다른 누군가가 가난해진다는, 바로 이 점에 있어. 독점은 독점하는 자에게뿐 아니라 다른 사람들에게도 '독(毒)'이 되고 마는 법이거든. 모세는 바로 그 독점하려는 마음을 버리라고 했는데, 말을 듣지 않는 자들이 있어서 만나를 남겨두었더니 그것이 모두

썩고 구더기로 들끓었다는 것 아니냐?

　기억해두자. 만나는 쌓아둘 수 없는 것! 쌓아두면 부패하고 구더기만 들끓는다. 이 사회의 모든 부패의 구더기들은 어딘가 불의하게 쌓아둔 재물 때문에 생겨난 것들이다. 독점 재물이 없으면 경제 부패도 없다!

　오늘 우리는 '일용할 양식' 말고 더 많이 가지고 있는 것들에 대하여 부끄럽고 송구스럽게 생각해야 해. 그런데 웬걸? 오히려 많이 소유할수록 그만큼 더 자랑스레 으스대고 있으니 이 얼마나 지독한 병을 앓는 거냐? 그런 뜻에서 이른바 '미국 스타일의 풍요한 삶'이라는 것은 절대로 우리가 본받거나 바라고 나아갈 목표일 수가 없어. 『작은 것이 아름답다』라는 책으로 유명해진 경제학자 슈마허(E. F. Schumacher)는 이렇게 말했지.

　　세계 인구의 6퍼센트를 지탱하기 위해서 세계 자원의 40퍼센트를 사용하면서도 인간 행복, 복지, 평화 또는 문화 수준에 이렇다 할 개선의 흔적이 보이지 않는데, 그런데도 미국 경제가 효율적이라고 주장할 것인가?

　이스라엘은 광야에서 날마다 그날 먹을 만큼씩 '만나'를 받아먹으면서, 재물이란 아무도 독점할 수 없는 것이며 독점은 곧 부패와 더러운 구더기만 낳는다는 것을 몸으로 배우는구나. 그래서 예수님도 우리에게 기도를 가르쳐주시면서, "오늘 우리에게 일용할 양식을 주십시오" 하고 기도하라고 하셨지 않니? 그런데, 말로만 그렇게 기도하고 잔뜩 욕심을 부린다면 무슨 소용이 있겠어? 날마다 자기 먹을 만큼의 물질로 만족하면서 살아가는 방법을 우리는 배워야 해. 생각만이 아닌 몸으로.

므리바 샘

╱━ 출애굽 이야기는 사람을 노예에서 자유인으로 해방시키시는 하나님 이야기이면서 동시에 거듭거듭 하나님의 길을 거역하는 인간들의 모습을 보여주기도 해. 므리바 샘에 얽힌 이야기에서도 하나님께 대드는 인간의 모습이 그려지지. 어쩌면 그것이 인간의 영원한 속성일지도 모르겠구나. 하나님께 덤벼들어 싸우고 그래서 결국 하나님을 발견하는 것이 말이다.

이스라엘 백성이 여호와 하나님의 지시를 받아 진영을 옮기며 앞으로 나아가다가 르비딤이라는 곳에 이르렀을 때였어. 한 가지 심각한 문제가 생겼는데, 먹을 물이 없지 뭐냐? 그건 보통 일이 아니었어. 물이 없으면 생명이 살아남을 수 없거든. 이스라엘 백성은 어느 곳으로 자리를 옮기든지 그 자리에서 마실 물을 찾아내야 했는데, 르비딤에 이르러서는 아무데서도 샘을 찾지 못했어. 마침내 '민족적 위기'라 할까, 매우 심각한 사태에 처하게 됐구나.

이럴 때 사람들은 흔히 누군가를 원망하게 돼 있어. 자기는 빼놓고 누군가 다른 사람에게 잘못된 데 대한 책임을 묻는 거지. 아마도 그것이 제일 쉽게 할 수 있는 짓이기 때문일는지도 모르겠구나. 그러나 그것은 옳은 태도가 아니야. 왜냐하면, 세상일이란, 어떤 일이든 그것에 대하여 책임을 묻는 '우리'와 책임을 져야 하는 '그들'이 따로 있지 않기 때문이야. 한 가지 예를 들면, 요즘 우리나라 교육이 지나치게 입시 위주라서 잘못되었다고 하는데 이 '입시 위주 교육'이라는 잘못된 교육 풍토에 대하여 책임을 물어야 할 사람과 책임을 져야 할 사람이 어디 따로 있지 않단 말이야. 생각해보렴. 누가 여기에 대하여 책임을 질 수 있겠니? 교육부 장관이 질 수 있겠어? 과연 교육부 장관 혼자서 입시 위주 교육 풍토를 만들었다고 할 수 있을까? 아니지. 교육부 장관 때문에 입시 위주 교육이 생긴 건 아니지. 그러면 대학교의 잘못인가? 그것도 아니지. 그럼 고등학교 선생님들 때문인가? 아니지. 그럼 학부모 탓인가? 그것도 아니지. 그렇다면 아무도 이 일에 책임질 사람이 없다는 말일까? 그럴 수는 없지. 잘못된 일이 있다면 누군가가 책임을 져야지. 문제는 그 '책임질 사람' 속에 우리를 넣느냐, 빼느냐, 여기에 달려 있는 거야. 우리는 세상의 모든 일에 우리 자신이 연관되어 있음을 분명히 알아야 해. '우리'와 떨어진 곳에 있는 '그들'이 책임을 지고 우리는 책임질 일이 없다는 생각이야말로 잘못된 것이란다. 정치가 병들었다면 그 책임은 정치인과 국민이 함께 져야 하는 거야. 만일 국민은 정치가에게 탓을 돌리고 정치가는 국민에게 탓을 돌린다면 그 나라 정치는 조금도 나아지지 않을 게다. 우리는 무엇이 잘못되었을 때 무엇보다 먼저, 내가 이 일에 대하여 어떻게 책임질 것인가를 묻는 자세부터 갖춰야 해.

이스라엘 백성은 물이 없어서 생명이 위협을 받는 '민족적 위기'에 처하여 함께 힘을 모아 샘을 파본다든가 물 있는 곳을 찾아보려고 하지 않고 대뜸 모세를 원망하기 시작했어. 과거에 홍해 바다를 건너고 만나와 메추라기를 먹으며 온갖 '기적 같은 일'을 겪었으면서도, 아니 지금도 겪고 있으면서, 그들은 여전히 보이지 않는 하나님에 대한 믿음을 지니지 못한 채, 모세를 원망하는구나.

모세가 "너희가 어찌하여 나와 다투느냐 너희가 어찌하여 여호와를 시험하느냐" 하고 대답했지만 소용없었어. 모세의 말에는 내가 당신들을 이곳에 데리고 온 게 아니라 하나님이 인도하셨다는, 그런 깊은 뜻이 들어 있었지만, 당장 목이 말라 견딜 수 없게 된 사람들 귀에 그 말이 들어올 리가 없었지. 그들은 더욱 성을 내며 대들었어. "당신이 어찌하여 우리를 애굽에서 인도해내어서 우리와 우리 자녀와 우리 가축을 목말라 죽게 하느냐" 아우성이었지. 그래, 아우성이었어. 아우성에는 본디 귀가 없단다. 남의 소리를 들을 귀가 없이 제 소리만 질러대는 거야. "예수를 십자가에! 예수를 십자가에!" 그날 예루살렘 성을 뒤흔들었던 이 소리도 아우성이었지. 누가는 그때 그들의 "소리가 이겼다"고 기록했어. 아우성이란 그런 거란다.

백성의 원망과 아우성을 받으며 모세는 하릴없이 하나님께 부르짖는구나. "내가 이 백성에게 어떻게 하리이까?" 옳아, 그게 참지도자의 자세야. 어려운 일이 있을 때마다 하나님의 뜻을 살피는 거야. 하나님이 모세에게 대답하셨어.

> 백성 앞을 지나서 이스라엘 장로들을 데리고 나일 강을 치던 네 지팡이를 손에 잡고 가라 내가 호렙 산에 있는 그 반석 위 거기서 네 앞에 서리니 너는 그 반석을 치라 그곳에서 물이 나오리니 백성이 마시리라 모세가 이스라엘 장로들의 목전에서 그대로 행하니라 (출애굽기 17:5~6)

나일 강을 치던 지팡이란, 앞으로도 뒤로도 갈 수 없는 자리에서 주저 말고 앞으로 나가라시던 하나님의 명령을 뜻하는 것이었지. 여기서도 뒤를 돌아보면 안 되는 거야. 바위를 치니 물이 터졌어. 보통 사람들 생각으로는 있을 수 없는 일이지만, 하나님이 이끄시는 해방의 길에서는 보통 있는 일이었지. 사람들한테는 기적이지만 하나님한테는 아주 자연스런 일이거든.

이드로와 모세

모세가 '광야에 있는 하나님의 산' 기슭에 백성과 함께 머물러 있을 적에 모세의 장인 이드로가 모세의 아내와 두 아들을 데리고 찾아왔어.(출애굽기 18:5) 그 산이 모세가 하나님께 계명을 받았다는 시내 산일 것이라는 추측이 있는데, 그렇다고 봐도 큰 무리는 없겠지.

여기서 중요한 것은 히브리 사람이 아닌 이드로가 사위인 모세를 만나 '여호와 하나님'에 대한 신앙을 고백했다는 것과 이어서 모세에게 민주적인 제도 설치를 권고하여 그대로 하게 했다는 거야. 우선 이드로의 신앙고백이 나오는 대목을 그대로 읽어보기로 하자.

모세가 여호와께서 이스라엘을 위하여 바로와 애굽 사람에게 행하신 모든 일과 길에서 그들이 당한 모든 고난과 여호와께서 그들을 구원하신 일을 다 그 장인에게 말하매 이드로가 여호와께서 이스라엘에게 큰 은혜를 베푸사 애굽 사람의 손에서 구원하심을 기뻐하여 이르되 여호와를 찬송하리로다 너희를 애굽 사람들의 손에서와 바로의 손에서 건져내시고 백성을 애굽 사람의 손 아래에서 건지셨도다 이제 내가 알았도다 여호와는 모든 신보다 크시므로 이스라엘에게 교만하게 행하는 그들을 이기셨도다 하고 모세의 장인 이드로가 번제물과 희생제물들을 하나님께 가져오매 아론과 이스라엘 모든 장로가 와서 모세의 장인과 함께 하나님 앞에서 떡을 먹으니라 (출애굽기 18:8~12)

우선 생각할 것은, 이드로의 신앙고백이 모세의 이야기를 듣고 나서 이루어졌다는 점이야. 신앙이란 어떤 사람 속에서 말 그대로 자생(自生)하는 것이 아니란다. 신앙은 누군가에게 전해 받는 거야. 그러니까 신앙이란 개인이 스스로 만들어내는 것이 아니라 어떤 사회나 전통에서 물려받는 것이란 말이지. 다시 말하면 신앙은 역사의 산물이요, 역사를 통해 전수되는 것이야. 그래서 바울 사도는, "믿음은 들음에서 온다"고 했어. 들으려면 먼저 말해주는 사람이 있어야 하지 않겠니? 여기서 이드로의 믿음은 모세의 이야기를 듣고, 그 이야기에 담겨 있는 이스라엘 백성의 경험을 간접 체험하고 난 뒤에 생겨난 거야.

다음으로 생각할 것은 이드로의 신앙고백 내용인데, 유일무이(唯一無二)한 하나님 곧 우리가 오늘날 고백하는 유일신(唯一神)이 아니라 '어떤 신보다 위대한 신'을 고백했다는 점이야.

"이제 내가 알았도다 여호와는 모든 신보다 크시므로……" 이 말 뒤에는 여호와 말고 다른 신들이 있다는 뜻이 깔려 있어. 그러니까 이드로는 여호와 하나님만이 신이요, 다른 신은 없다는 신앙이 아니라 여러 신들이 있는데 여호와께서 으뜸가는 분이라는 신앙을 고백한 거지. 그는 그렇게 생각하고 그렇게 믿었어. 그리고 당시에는 그게 하나도 이상한 일이 아니었단다. 사람들이 이른바 유일신(唯一神) 사상을 가지게 된 것은 훨씬 후대의 일이니까.

신(神)에 대하여 사람이 이렇게 저렇게 생각하는 것을 신관(神觀)이라고 하는데, 신관은 변할 수 있고 또 변해야 하는 거야. 신은 바뀔 수 없는 분이지만 신관은 바뀔 수 있거든. 성경에는 하나님에 대한 인간들의 생각이 어떻게 바뀌었는지 잘 나타난단다.

이드로의 신관은 여러 신들 가운데 으뜸가는 신이 하나 있다는 것인데, 그런 신관을 단일신관(單一神觀)이라고 해. 유일신관하고는 다르지. 이드로가 그런 식으로 신앙을 고백하고 으뜸 신(神)인 여호와께 제사를 바칠 때 모세와 아론을 비롯한 이스라엘의 어른들이 제사 음식을 나눠 먹었다는 성경의 기록을 미루어 짐작하면 모세를 비롯한 이스라엘 사람들도 아직 그때까지는 유일신에 대하여 몰랐음을 알 수 있지 않니?

생각해보렴. 만일 지금 우리 앞에서 이드로가 그런 식으로 신앙을 고백하고 제사를 드린다면, 당장에 그건 틀렸다고, 야훼는 여러 신들 가운데 으뜸인 신이 아니라 홀로 한 분이신 하나님이라고, 그렇게 일러주거나 아니면 최소한 이드로의 제사에 동참하여 음식을 나눠먹는 일은 없지 않겠어? 다시 한 번 마음에 새겨두렴. 신(神)은 변함없는 분이지만 그에 대한 인간의 생각 곧 신관은 세월과 함께 변해왔다는 사실을. 그러니까 지금 우리가 지닌 신관(神觀)도 장차 바뀔 수 있는 것이라는 사실을!

다음으로 이드로가 모세에게 민주적인 제도 설치를 권고하는 대목을 읽어보자. 이드로는 모세가 새벽부터 밤늦게까지 백성들의 문제를 해결하느라고 애쓰는 모양을 보고 "네가 하는 것이 옳지 못하도다 너와 또 너와 함께 한 이 백성이 필경 기력이 쇠하리니" 하면서 "온 백성 가운데서 능력 있는 사람들 곧 하나님을 두려워하며 진실하며 불의한 이익을 미워하는 자를 살펴서 백성 위에 세워……"라고 했어. 말하자면 모세가 독점한 권력을 여러 사람이 나눠 가지게 한 거야. 아무리 유능한 사람이라도 권력을 독점하는 것은 잘하는 일이 아니거든. 그건 통치자와 함께 통치를 받는 백성들까지 지쳐버리게 만드니까. 출애굽은 이렇게 독재자 모세를 민주적 지도자 모세로 바꾸기도 하는구나. 모세는 장인 이드로의 말대로 했어. 그것이 곧 하나님의 뜻에도 부합되는 제도였거든.

그러나 이스라엘 백성은 이처럼 좋은 경험을 했으면서도 나중에 다시 왕의 독재 아래로 스스로 들어갔지. 안타까운 일이지만 역사란 그런 거야.

아홉 번째 강의

모세와 하나님의 법

여기서 중요한 것은 법조문이 아니라 법조문 속에 담긴 법 그 자체라는 사실을 기억해야 해. '십계명'이라는 이름으로 흔히 부르는 법조문은 하나님의 법을 담은 그릇과 같다는 거지.

❧

자, 이제 모세 이야기를 마무리할 때가 된 듯하구나. 하나님께서 모세를 통하여 이스라엘 백성에게 당신의 법을 주시는 대목을 살펴볼 차례가 됐다는 얘기야. 모세 하면 생각나는 게 역시 하나님의 법이지. 이스라엘 역사를 받치는 두 기둥이 있는데 하나는 법이요, 다른 하나는 예언이란다. 예수님이 수난당하시기 직전에 어느 산 위에 오르시어 그 모습이 눈처럼 희게 빛나셨을 때, 하늘에서 두 사람이 내려와 예수님을 만나는 장면이 있는데 그 두 사람이 모세와 엘리야 아니었니?

모세는 율법을 대표하는 인물이요, 엘리야는 예언을 대표하는 인물이지. 율법이나 예언이나 그 내용은 모두 하나님의 말씀[命]이란다. 둘러 말하자면 하나님의 말씀이 율법이라는 옷을 입고 나타나기도 하고 예언이라는 옷을 입고 나타나기도 했다는 얘기야. 그것은 지금도 마찬가지지. 다만, 법은 어떤 고정된 틀로 나타난 하나님의 말씀[命]이고 예언은 상황에 따라 변화되는 모습으로 나타나는 하나님의 말씀(명령)이라고 보면 돼. 그러니까 그 둘은 하나님의 말씀이 지니는 본질적인 생각을 그대로 살리기 위하여 반드시 필요한 '틀'이라고 할 수 있지. 하나님의 말씀이 지니는 본질적인 성격이란, 얼핏 들으면 서로 모순되는 것 같지만, 한결같은 것이면서 언제나 새롭게 바뀐다는 거야. 하나님의 말씀은 변함없이 한결같아 바뀌지 않는 것이면서 동시에 순간순간 새로워지는 것이거든.

모세의 율법이 고정되어 한결같은 하나님의 말씀이라면 엘리야를 비롯한 많은 예언자들의 예언은 상황에 따라 다른 얼굴로 나타난 하나님의 말씀이지. 그러기에 모세에게 주신 하나님의 법은 돌판에 새겨진 것이고 예언자들에게 주신 하나님의 법은 돌이 아니라 인간의 심장에 새겨진 것이었어.

하나님의 법은 그것 자체가 생명이야. 모든 생명은 한결같으면서 어느 한순간도 변하지 않는 순간이 없어. 여기 있는 이현주라는 인간은 태어나서 죽을 때까지 이현주일 뿐 다른 어떤 사람이 될 수 없잖니? 그러나 태어나서 죽는 순간까지 나는 바뀌고 있거든. 그동안 그만큼 늙었으니까. 이렇게 한평생 한결같은 동일인(同一人)이면서 한순간도 멈추지 않고 바뀌는 게 생명이요, 하나님의 법 또한 그러하단다. 따라서 모세와 엘리야, 그러니까 법과 예언은 어느 한 쪽도 혼자서는 있을 수 없는 그런 존재지. 다시 말하면, 모세 없이는 엘리야가 있을 수 없고 반대로 엘리야 없는 모세 또한 있을 수 없다는 얘기야. 그런데, 이 둘이 한 사람한테서 썩 훌륭하고 또 완벽하게 조화되어 나타났는데 그게 누구겠니? 예수님, 그래, 예수님이 그분이야. 그분한테서 우리는 비로소 율법과 예언이 완성되는 모양을 볼 수 있게 되었구나.

돌판에 새긴 법

다시, 모세 이야기로 돌아가기로 하자. 모세가 돌판에 새겨진 하나님의 법(십계명)을 받은 것은 거룩한 시내 산에서였어. 하나님께서는 모세를 당신의 산 꼭대기로 부르셨지. 법을 들판이나 도성에서 받지 않고 산꼭대기에서 받았다는 사실을 잘 기억해두렴. 하나님의 법이 사람들 사는 거리에서 '만들어진' 게 아니었다는 얘기야. 다시 말하면, 하나님께서 당신의 '거룩한 산'에서 인간에게 일방으로 내리셨다는 점이 중요하다는 말이지. 하나님의 법은 인간이 이런저런 속셈을 품고 그때그때 무슨 소용에 따라서 만들어내는 그런 게 아니라는 거야. 적어도 '모세의 법'이라는 이름으로 부르는 법은 그랬어. 그러므로 그것은 인간이 어떤 필요에 따라서 이렇게 저렇게 바꿀 수 있는 그런 법이 아니란다. 그래서 그것을 우리는 다른 이름으로 '하나님의 법'이라고 부르는 거야.

시내 산 꼭대기에 올라 하나님의 법을 받은 사람은 모세 한 사람이었어. 하나님은 산기슭에 거룩한 울타리를 치고 어느 누구도 들어오지 못하도록 하셨지. 거룩한 하나님의 법에 인간의 뜻이 손톱만큼도 작용할 수 없게 미리 막으신 거야. 따라서 모세에게 주신 하나님의 법은 이스라엘 백성뿐 아니라 온 인류가 함께 지켜야 할 보편적·우주적 법이라고 할 수 있어. 인간이라면, 백인이든 흑인이든 황인이든, 남자든 여자든, 배운 사람이든 못 배운 사람이든, 그 법을 지켜야 하는 거야. 그래서 하나님은 모세 말고 그 어떤 사람도 접근할 수 없도록 불과 구름으로 가려놓고 산꼭대기에서 당신의 법을 내리시는구나.

하나님께서는 모세에게 법을 내리시면서, '나는 너희를 애굽 종살이에서 해방된 하나님'이라고 말씀하셨어. 탈출의 하나님이 바야흐로 탈출한 백성이 지켜야 할 법을 내리신 거지. 이 법을 지키면 살고 어기면 죽는다는 말씀과 함께.

그런데 말이다. 여기서 중요한 것은 법조문이 아니라 법조문 속에 담긴 법 그 자체라는 사실을 기억해야 해. 무슨 말이냐 하면, '십계명'이라는 이름으로 흔히 부르는 법조문은 하나님의 법을 담은 그릇과 같다는 거지. 물 그릇과 거기에 담긴 물은 서로 떨어질 수 없지만, 그릇이 곧 물은 아니잖니? 법조문은 매우 중요하지만, 법조문이 곧 법은 아니라는 말이야. 이 점을 착각해서, 법조문을 곧 법으로 알고 살아간 사람들이 예수님 당시의 이른바 율법주의자(예컨대 바리새인, 서기관)들이었어. 하나님의 법을 지키는 것과 법조문을 지키는 것의 차이를 밝히 분별하기가 쉬운 일은 물론 아니지만, 그 둘이 서로 다른 것이라는 사실을 우리는 알아야 해. 하나님의 법을 잘 지키는 방법은 알고 보면 간단해.

우리의 '자아(ego)'를 비우고 하나님을 진짜 주인으로 모시면 돼. 그 비결을 가장 완벽하게 몸으로 보여주신 분이 곧 예수님이시지. 사람이 이미 하나님을 떠났을 때에는 돌판에 새겨진 하나님의 법조문도 소용이 없어. 모세가 돌판을 깨뜨려 부순 까닭이 바로 여기 있었던 거야.

황금 송아지

　　　　　🙢모세가 시내 산에 올라 하나님한테서 '법'을 받고 있을 때 산 아래 이스라엘 백성의 진영에서는 무슨 일이 벌어졌는지 아니? 신(神)을 만들고 있었단다. 신을 만들다니? 그게 무슨 말이냐고? 성경의 그 대목을 읽어보기로 하자.

> 백성이 모세가 산에서 내려옴이 더딤을 보고 모여 백성이 아론에게 이르러 말하되 일어나라 우리를 위하여 우리를 인도할 신을 만들라 이 모세 곧 우리를 애굽 땅에서 인도하여 낸 사람은 어찌 되었는지 알지 못함이니라
> (출애굽기 32:1)

　백성들은 자기네를 이끌어온 모세가 오랫동안 보이지 않자 불안해진 거야. 그들은 모세가 자기네 신을 대신한다고 생각했거든. 사람이란 눈에 보이는 것만 믿도록 돼 있는가보구나. 눈에 보이는 신이 필요한 거지. 그러나 신이란 본디 사람 눈으로 볼 수가 없는 물건이란다. 사람은 너무 큰 것도 보지 못하고 너무 작은 것도 보지 못 해. 그게 사람의 눈이야. 또 너무 빠른 것도 못 보고 너무 느린 것도 못 봐. 날아가는 총알을 본 사람이 있겠니? 나무의 잎이 자라는 걸 본 사람이 있겠어? 그렇게 믿을 수 없는 게 인간의 눈인데 글쎄 그 눈으로 볼 수 있어야 믿겠다는구나. 미안하지만 그게 사람이야. 그래서 신의 형상을 만들고 싶어하지. 그렇게 해서 만든 게 바로 우상이란다. 그런데 신은 결코 인간의 눈으로 보거나 손으로

만질 수 없는 분이거든. 그러니까 신을 우상으로 만드는 것이야말로 인간이 신에게 저지를 수 있는 가장 큰 잘못이 되는 거야. 십계명의 제1계명이 바로 우상을 만들지 말라는 것 아니냐? 그런데 지금 산기슭에서는 백성이 모여 아론에게 바로 그 우상을 만들어달라고 청하고 있는 거야. 아론도 마찬가지였어. 다음 대목을 계속 읽어보자.

> 아론이 그들에게 이르되 너희의 아내와 자녀의 귀에서 금 고리를 빼어 내게로 가져오라 모든 백성이 그 귀에서 금 고리를 빼어 아론에게로 가져가매 아론이 그들의 손에서 금 고리를 받아 부어서 조각칼로 새겨 송아지 형상을 만드니 그들이 말하되 이스라엘아 이는 너희를 애굽 땅에서 인도하여 낸 너희의 신이로다 하는지라 아론이 보고 그 앞에 제단을 쌓고 이에 아론이 공포하여 이르되 내일은 여호와의 절일이니라 하니 이튿날에 그들이 일찍이 일어나 번제를 드리며 화목제를 드리고 백성이 앉아서 먹고 마시며 일어나서 뛰놀더라(출애굽기 32:2~6)

황금으로 수송아지의 모습을 만든 거야. 번쩍거리는 수송아지를 가운데 모시고 좋아하는 사람들을 상상해보렴. 참 한심하지? 그렇게 어리석을 수 있다니! 그렇지만 너무 그들을 비난하고 비웃을 건 없어. 오늘 우리도 마찬가지니까. 양심에 손을 얹고 생각해봐. 절에다가 부처를 황금으로 부어 앉히고 절하는 사람들을 우상숭배자라고 손가락질하는데, 우리는 과연 하나님과 돈(황금), 이 둘 가운데서 누구를, 어느 쪽을, 진짜로 믿고 있다고 생각하니? 양심에 조금도 켕기지 않고 하나님을 믿는다고 말할 수 있는 사람 말고는 옛날 이스라엘 백성이나 불교 신자들을 비웃을 자격이 없는 거야.

그러나 아무튼 우상은 안 돼. 우상은 무조건 하나님 앞에서 깨어져야 해. 만일 우상이 깨어지지 않으면 그 우상 때문에 결국은 사람이 죽게 되는 거야. 사람들이 황금 송아지를 만들어 세우고 그 우상을 '여호와 하나님'이라고 부를 때에 하나님은 모세에게 당장 이스라엘 백성을 없애버리겠다고 말씀하시는구나.

> 여호와께서 모세에게 이르시되 너는 내려가라 네가 애굽 땅에서 인도하여 낸 네 백성이 부패하였도다 그들이 내가 그들에게 명령한 길을 속히 떠나 자기를 위하여 송아지를 부어 만들고 그것을 예배하며 그것에게 제물을 드리며 말하기를 이스라엘아 이는 너희를 애굽 땅에서 인도하여 낸 너희 신이라 하였도다 여호와께서 또 모세에게 이르시되 내가 이 백성을 보니 목이 뻣뻣한 백성이로다 그런즉 내가 하는 대로 두라 내가 그들에게 진노하여 그들을 진멸하고 너를 큰 나라가 되게 하리라(출애굽기 32:7~10)

그러나 모세는 백성에게 미칠 하나님의 진노를 거두시도록 애원했어. 모세의 간청에 못 이겨 하나님께서는 재앙을 거두셨지. 모세는 하나님의 법이 새겨진 돌판 두 개를 들고 산을 내려왔어. 그가 내려왔을 때 백성은 무슨 짓을 하고 있었겠니?

> 진에 가까이 이르러 그 송아지와 그 춤 추는 것들을 보고 크게 노하여 손

에서 그 판들을 산 아래로 던져 깨뜨리니라 모세가 그들이 만든 송아지를 가져다가 불살라 부수어 가루를 만들어 물에 뿌려 이스라엘 자손에게 마시게 하니라(출애굽기 32:19~20)

그러고 나서 아론을 나무랐지. 아론이 구차스런 말로 변명을 하는구나.

내 주여 노하지 마소서 이 백성의 악함을 당신이 아나이다 내가 그들에게 이르기를 금이 있는 자는 빼내라 한즉 그들이 그것을 내게로 가져왔기로 내가 불에 던졌더니 이 송아지가 나왔나이다(출애굽기 32:22~24)

황금 송아지 소동은 결국 삼천 명이나 되는 동족을 찔러 죽이는 것으로 마감되었어. 그 소동에 앞장섰던 자들이 모두 죽은 셈이야. 우상은 사람을 하나님한테서 등지게 하지. 그러니까 그들이 황금 송아지를 만들어 세웠을 때에는 모세가 시내 산에서 받은 하나님의 법을 지킬 사람들이 이미 하나님을 등진 사람들로 바뀐 셈이야. 하나님의 법이 있어도 있으나마나한 그런 사람들로 변해버린 거지. 그러니 하나님의 법을 새긴 돌판이 무슨 소용이겠니?

모세가 돌판을 깨뜨린 것은 그냥 화풀이 정도가 아니야. 법보다 인간이 먼저거든. 인간이 바뀌는 것, 자기 눈에 보이는 것만 믿고 살던 사람들이 보이지 않는 하나님을 믿는 사람으로 바뀌는 것, 이것이 출애굽(탈출)의 목적이요 내용이란다.

모세의 최후

마침내 모세의 최후를 이야기할 시간이 되었구나. 이로써 출애굽 사건 이야기도 일단 마감하기로 하자. 그러나 명심해 두렴. 출애굽은 지금도 계속되고 있음을. 하나님 대신 황금 송아지를 예배한 이스라엘 백성을 향해 분노의 채찍을 휘두른 다음, 모세는 여호와께 돌아가서 백성을 대신하여 용서를 빌었어.

> 슬프도소이다 이 백성이 자기들을 위하여 금 신을 만들었사오니 큰 죄를 범하였나이다 그러나 이제 그들의 죄를 사하시옵소서 그렇지 아니하시오면 원하건대 주께서 기록하신 책에서 내 이름을 지워 버려 주옵소서(출애굽기 32:31~32)

자신의 목숨을 민족의 회생과 바꾸기라도 하겠다는 엄숙한 기도였지. 바로가 자기를 잡아 죽이려고 한다는 말만 듣고 두려움에 사로잡혀 그날로 도망을 쳐야 했던 모세가 이렇게 변했구나. 그래, 바로 이 '모세의 변신'이 출애굽의 중요한 핵심이기도 하다는 사실을 우리는 알아야 해. 한 사람의 변화와 민족의 대탈출이 서로 깊이 연결되어 있어서 결코 분리될 수 없는 '한 사건'으로 진행되었음을 잊어선 안 돼. 자기 한 목숨 살고자 민족까지 등졌던 모세가 '출애굽'이라는 역사의 현장에서 바야흐로 동족을 위하여 자기 목숨을 내놓는 모세로 바뀐 거야. 그래서 사람이 역사를 만들고 역사가 사람을 만든다고 하지.

그러나 모세의 간절한 기도에 대한 하나님의 응답은 차라리 냉정하기까지 하구나. "누구든지 내게 범죄하면 내가 내 책에서 그를 지워버리리라 이제 가서 내가 네게 말한 곳으로 백성을 인도하라 내 사자가 네 앞서 가리라 그러나 내가 보응할 날에는 그들의 죄를 보응하리라."(출애굽기 32:33~34)

용서를 비는 것은 모세가 할 일이요, 용서하는 것은 하나님의 몫이라. 모세는 자기의 일을 할 따름이었고, 성경은 이 사건의 후일담을 기록하지 않는구나. 다만, 백성이 모세를 통해 들은 하나님의 말씀에 가슴 아파하면서 뉘우쳤다는 얘기가 있을 뿐이야. 그리고 그들은 그때부터 몸에 패물(금은보석으로 만든 장신구)을 지니지 않았다는구나.

하나님은 다시 모세를 시내 산 꼭대기로 부르시어 깨어진 것과 똑같은 돌판 두 개를 주셨어. 물론 하나님의 법이 새겨진 돌판이었지. 이렇게 해서 후대 사람들이 '모세법'이라고 부르는 법조문이 만들어진 거야.

「신명기」는 모세가 법을 선포하면서 백성에게 한 긴 설교인데, 때는 애굽을 떠난 지 사십 년째 되던 해 11월 1일이었다고 했어.(신명기 1:3)

그의 설교는 주로 하나님의 계명(법)을 해설하면서 그 계명을 잘 지키라는 권고로 이루어졌는데 말미에 가서 이렇게 말했지.

내가 오늘 네게 명령한 이 명령은 네게 어려운 것도 아니요 먼 것도 아니라 하늘에 있는 것이 아니니 네가 이르기를 누가 우리를 위하여 하늘에 올라가 그의 명령을 우리에게로 가지고 와서 우리에게 들려 행하게 하랴 할 것이 아니요 이것이 바다 밖에 있는 것이 아니니 네가 이르기를 누가 우리를 위하여 바다를 건너가서 그의 명령을 우리에게로 가지고 와서 우리에게 들려 행하게 하랴 할 것도 아니라 오직 그 말씀이 네게 매우 가까워서 네 입에 있으며 네 마음에 있은즉 네가 이를 행할 수 있느니라(신명기 30:11~14)

우리는 이 한마디로 모세를 통해 주신 하나님의 법이 어떤 것인지, 그 성격을 알 수 있어. 그것은 인간의 입과 마음에 처음부터 있었던 거야. 무슨 말이냐 하면, 인간이 세상에 태어나면서부터 지니고 태어난, 그런 법이란 말이지. 그런 걸 다른 말로 '자연법'이라고도 해. 사람이라면 누구나 그렇게 살아가도록 미리 결정된 길이 있어.

그런데 인간이 이런저런 이유로 병이 들면, 다시 말해서 탈이 나면 그 법을 어기게 되고, 그 때문에 다시 법을 만들게 되고, 만든 법 때문에 병이 더 깊어지면 또 다른 법을 만들게 되고, 그 결과 인간이 법의 노예로 떨어지기까지 하는 거야. 처음에 하나님이 주신(인간이 만들지 않은) 법을 어긴 데서 오는 비극적인 결과지.

이제 모세는 마지막 설교를 장엄하게 마치면서, 하나님의 법이 인간에게 축복일 수도 있고 저주일 수도 있는데 그 둘 가운데 어느 쪽을 선택하느냐는 바로 인간에게 달려 있다고 하는구나.

보라 내가 오늘 생명과 복과 사망과 화를 네 앞에 두었나니 곧 내가 오늘 네게 명령하여 네 하나님 여호와를 사랑하고 그 모든 길로 행하며 그의 명령과 규례와 법도를 지키라 하는 것이라 그리하면 네가 생존하며 번성할 것이요 또 네 하나님 여호와께서 네가 가서 차지할 땅에서 네게 복을 주실 것임이니라 그러나 네가 만일 마음을 돌이켜 듣지 아니하면 …… 너희가 반드시 망할 것이라 …… 내가 오늘 하늘과 땅을 불러 너희에게 증거를 삼노라 내가 생명과 사망과 복과 저주를 네 앞에 두었은즉 너와 네 자손이 살기 위하여 생명을 택하고(신명기 30:15~20)

이어서 모세는 여호수아를 새로운 지도자로 세우며 역사의 무대에서 사라져갔어. "이제 내 나이 백이십 세라. 내가 더 이상 출입하지 못하겠고 여호와께서도 내게 이르시기를 너는 이 요단을 건너지 못하리라 하셨느니라. 여호와께서 이미 말씀하신 것과 같이 네 하나님 여호와께서 너보다 먼저 건너가사 이 민족들을 네 앞에서 멸하시고 네가 그 땅을 차지하게 할 것이며 여호수아는 네 앞에서 건너갈지라."(신명기 31:2~3)

그의 말대로 모세는 느보 산 정상에서 요단 강 건너 끝없이 펼쳐지는 '약속의 땅'을 내려다보며 숨을 거두었단다. 노자 할아버지 말씀이 '공성이불거(功成而不居)'라, 공을 이루었거든 그 자리에 머물지 말고 사라지라고 했는데 왜냐하면 그것이 바로 하나님의 법이요 길이기 때문이라는 거지.

철저한 하나님의 사람, 하나님의 마음에 든 사람 모세는 죽는 자리에서까지도 하나님의 법을 따랐어. 얼마나 행복한 사람이냐? 다시, 노자의 말씀에 "부유불거(夫唯不居)하니 시이(是以)로 불거(不去)"라, 대저 공을 세운 자리에 머뭇거리며 남아 있지를 아니하니 이로써 사람 세상에서 영원히 사라지지 않는다 했거늘, 그래서 모세는 오늘도 저렇게 살아 있구나.

우리들 곁에.

여전히 계속되고 있는 '대탈출'의 역사와 함께!

열 번째 강의

불공평한 세상?

하나님을 등지지 않고, 그분을 바라보면서 산다는 것은 우리의 몸뿐 아니라 세상의 모든 사물과 사건 속에서 '보이지 않는 부분'을 바라보며 살아가는 것이라고 할 수 있어.

❖

애들아, 오랜만에 다시 만났구나. 해가 바뀌었으니 나이도 한 살씩 많아졌는데 기분이 어떠냐?

한창 푸른 꿈을 키우며 싱싱하게 자라날 너희에게 시험 점수 따기 위한 학습만 강요하는 꼴이 된 오늘의 교육 현실이 아버지는 야속하기만 하다. 입 달린 자마다 입시 위주 교육이 바람직하지 않다고 말하는데 현실은 조금도 고쳐질 낌새가 보이지 않으니 어쩌면 좋으냐?

오늘도 아버지가 잘 아는 중학교 선생님 한 분이 학교에서 해직을 당하셨어. 쉽게 말하면 쫓겨나신 거지.

왜 쫓겨나셨느냐 하면, 교원 노동조합을 만들었다는 이유로 3년 전에 해직당한 동료 교사들이 다시 학교로 돌아올 수 있게 해달라고 청원한 것이 공무원의 집단행동을 금한 법을 어긴 것이라는구나. 그리고 상관의 명령에 복종하지 않았기 때문이라는 거야.

불공평한 세상? 141

그 명령이라는 게 뭔고 하니, 자신의 과오를 시인하고 다시는 그런 짓을 하지 않겠다는 '각서'를 쓰라는 것이었어.

너희들이 가끔 써냈을 반성문 같은 거지. 오늘 해직당한 선생님은 자기의 행위가 잘못이라고 생각하지 않기 때문에 각서를 쓸 수 없다고 했던 모양이야. 그것이 명령 불복이라는, 해직의 이유가 된 셈이지.

명령에도 종류가 있어. 명령이라고 해서 무조건 다 복종해야 하는 것은 아니란다. 상관의 명령도 명령이지만 그보다 더 무겁고 중요한 것은 양심의 명령이야. 아무리 상관의 명령이라도 자신의 양심에 비추어 어긋나는 일이라면, 양심을 지키기 위해서 상관의 명령을 어겨야 해. 사람이 만든 법보다 하나님이 주신 법이 먼저거든.

오늘의 교육 현실을 보면 여러 가지로 낙심되기도 하지만, 그래도 양심의 명령을 어길 수 없다는 이유 하나만으로 해직당하는 교사들이 계속 나타나는 것을 보면 역시 절망은 금물이라는 생각이 드는구나.

얘들아! 아무쪼록 너희는 하나님이 주신 양심을 올곧게 지켜나가는, 그래서 세상의 온갖 불이익을 받는다 해도 굽히지 않고 하나님의 길(법)을 지켜나가는, 그런 사람으로 자라기를 바란다. 성경 공부란 그런 사람이 되기 위한 한 가지 방편이기도 하지.

자, 그러면 지금까지 출애굽기를 읽었으니 이번 주부터는 창세기를 함께 읽어보기로 하자. 그러니까 이야기의 시대 순서를 거슬러 오르면서 창세기를 더듬어보자는 거야.

모세가 하나님의 해방 역사에 뛰어든 것은 대략 서기전 13세기경, 애굽이라는 큰 나라에서 일어난 일이었다고 볼 수 있지. 그러니까 이제 우리는 모세가 태어나기 전의 시대로 거슬러 올라가며, 말하자면 창세기를 거꾸로 읽어나가는 거야. 대충 얼개를 그려보면 이렇게 되겠구나.

해방꾼 모세가 태어날 무렵 이스라엘 민족은 애굽에서 종살이를 하고 있었던 것으로 되어 있다. 그렇다면 그들은 왜, 어떻게 해서 자기네 고향을 떠나 남의 나라에서 종살이를 하게 되었는가? 그것은 야곱의 일가족이 가나안을 떠나 애굽으로 옮겨 살게 됐기 때문이다.

그렇다면 그들은 왜, 어떻게 해서 애굽으로 이민을 갔는가? 애굽으로 이민을 가기 전에 야곱은 어떻게 가나안에서 정착을 했는가? 그의 부모는 누구고 또 그 부모의 부모는 누군가?

이렇게 자꾸 거슬러 올라가 마침내 하늘과 땅과 거기 있는 모든 것을 지으신 하나님한테까지 이르는 거야.

그렇지만, 아이들이 장난으로 "산토끼 토끼야 어디를 가느냐"라는 노래를 "끼토산 야끼토 를디어 냐느가"로 부르듯이 그런 식으로 「창세기」를 읽겠다는 건 아니야. 그건 불가능한 일이기도 하지만 그래야만 할 이유도 없거든. 그러니까 우리의 창세기 읽기는 아마도 이렇게 진행될 것 같구나.

요셉 이야기에서 야곱 이야기로, 야곱 이야기에서 이삭 이야기로, 이삭 이야기에서 아브라함 이야기로, 이런 식으로 계단을 오르듯이 시대를 거슬러 오르며 그 모든 이야기 속에서 창조주이신 하나님이 어떻게 인간들을 만나시며 그 인간들을 어떤 구속에서 어떻게 해방하시는지, 어떤 억압에서 어떻게 탈출시키시는지, 출애굽기를 읽을 때에도 그랬지만 우리는 창세기도 탈출이라는 대주제를 바탕에 깔고 읽어가는 거야.

탈출은 언제나 구체적인 인간의 현장에서 발생하면서 동시에 인간이 지상에 살고 있는 한 끊임없이 지속될 과제이기도 한 까닭이지.

우리는 성서에 기록된 탈출 이야기들을 읽으면서 오늘 우리에게 우리의 현실에서 탈출을 명령하시고 인도하시며 완성하시는 살아 계신 하나님을 만나야 해. 그것이 성경을 읽는 진짜 목적이니까.

좋아, 그럼 함께 성경을 펼쳐보기로 하자. 모든 시대, 모든 인간이 그들을 얽어매는 사슬과 억압에서 어떻게 벗어나는지, 하나님은 그들을 어떻게 해방하시는지, 그와 같은 해방 사건 또는 탈출 사건이 오늘 우리의 현장에서는 어떻게 실현되어야 할지 함께 알아보는 거야.

불공평한 세상?

🖎 너희들 생각은 어떠니? 세상이 과연 공평하다고 보느냐 말이다. 이런 질문에 제대로 대답하기란 어려운 일이지.

왜냐하면 묻는 사람과 대답하는 사람이 '공평'이란 말의 뜻을 같은 것으로 알고 있지 않으면 대답해봤자 동문서답이 되고 말 테니까. 그래서 말을 나눈다는 게 쉬운 일 같지만 어렵다는 거야. 같은 단어를 쓰면서도 같은 뜻으로 그 말을 쓰기란 쉬운 일이 아니거든.

따라서 세상이 과연 공평하다고 보느냐는 아버지의 질문에 대답하려면, 너희는 먼저 나에게 아버지가 말씀하시는 '공평'이 무엇을 뜻하는지를 물어봐야 해.

자, 그러면 너희가 그렇게 되물어봤다 치고, 이번에는 내가 대답을 해야 할 텐데, 그러고 보니 '공평'이란 말을 쉽게 쓰면서도 "이것이 바로 공평이다" 하고 딱 잘라 대답할 말이 없구나!

좋다, 모르겠는 건 모르겠는 것으로 남겨두고 그 대신, 내가 왜 너희에게 세상이 공평하다고 생각하는지를 물어봤는지 그 이유를 얘기해주마.

사실은 요셉 이야기를 하려니까 아버지인 야곱이 요셉을 편애했다는 대목(창세기 37장)에서부터 시작해야겠는데, 아버지가 여러 자식 가운데 하나만 유별나게 사랑한다는 것은 공평하지 못한 일이 아니냐는 생각이 들었기 때문이야.

너희 생각에는 어떠냐? 만일 아버지나 어머니가 슬기와 소리는 보통으로 대해주고 기림이만 유독 끔찍이 여기며 사랑한다면 어떻겠어? 말도 안 된다고? 그렇지, 그건 있을 수 없는 일이야. 부모가 자식을 그렇게 사랑하면 안 돼. 안 되고말고!

그런데 말이다. 세상에는 그런 일이 너무나도 흔하게 벌어진단다. 〈아들과 딸〉이라는 연속극 너희도 가끔 봤겠지? 그 집 어머니 좀 봐라. 귀남이는 아들이라고 해서 끔찍이 사랑하고, 쌍둥이로 태어난 후남이는 다만 여자라는 이유만으로 얼마나 천대를 받니.

좀 과장된 기분이 들기는 하지만 그건 절대로 없는 얘기를 꾸며낸 건 아니야. 아마 그래서 많은 시청자가 그 연속극에 눈길을 모으고 있는 것일 게다.

말하자면 그 연속극을 보면서 "맞아. 그래, 저런 사람 있어. 나도 후남이처럼 차별 대우를 받았지" 하고 공감을 하는 사람들이 많으리라는 얘기지.

사실 말이지, 이 세상은 '공평'은커녕 아예 '불공평 덩어리'라고 봐야 할 거야. 사방 천지가 가지각색 모양으로 불공평하지 않니? 아버지만 해도 그래. 일찍이 세상을 떠나긴 했지만 너희 큰아버지가 되셨을 분은 아주 머리가 좋았단다.

가만 보면 나보다 더 오랜 시간 책상 앞에 앉아 공부하는 것도 아닌데 시험만 보면 점수가 높은 거야. 그런데 아버지는 아무리 열심을 내어도 어느 정도 이상으로는 성적이 올라가지 않는 거 있지? 특히 수학에는 거의 젬병이었어.

공식을 외우면 된다기에 사방 벽에 공식을 써서 붙여놓고 외우는데 그놈의 공식들이 내 머릿속에서 제멋대로 결혼도 하고 이혼도 하고 마구잡이로 엉겨붙어 오히려 더욱 혼란스럽게 만들어놓으니 될 게 뭐냐? 어휴, 그 지긋지긋하던 수학 시간! 너희 셋 모두 수학 성적이 나쁜 것은 전적으로 이 아버지 탓이다. 그렇긴 하다만 사실 따지고 보면 아버지 탓도 아니지. 아버지 머리가 수학에 젬병인 것도 아버지 탓은 아니니까. 안 그러냐? 그럼 할아버지 때문일까? 그것도 아니지.

형은 머리가 좋아서 백 점만 맞는데 아우는 머리가 나빠서 빵 점만 맞는다! 이 얼마나 불공평한 세상이냐?

그러나 다시 한 번 생각해보자. 그것이 과연 불공평한 것일까? 형과 아우가 똑같이 머리가 좋든지 나쁘든지 하면 그게 과연 공평한 것일까? 온 세상 사람이 모두 아이큐가 같고 취미도 같고 키와 몸무게와 성격까지 똑같다면 그게 과연 공평한 세상일까?

천만에! 그건 공평한 세상이 아니라 공평한 지옥이겠지. 생각만 해도 끔찍하지 않니?

하나님이 지으시고 "참 좋다"고 하신 세상은 그야말로 온갖 불공평으로 이루어진 세상이구나. 코끼리처럼 덩치가 큰 짐승이 있는가 하면 들쥐처럼 작은 짐승도 있고, 늑대처럼 사나운 짐승이 있는가 하면 양처럼 순한 짐승도 있고, 이렇게 가지각색 서로 다른 것들이 어우러져 살아가기에 아름답고 좋은 세상 아니겠어?

그러니까 하나님이 지으신 세상은 오히려 불공평하기 때문에 지옥이 아니라는 그런 말이야. 이런 걸 편의상 '하나님의 불공평'이라고 하자. 그건 좋은 불공평이지. 세상을 아름답고 재미있고 살맛나게 해주는!

그런데 세상에는 '사람의 불공평'이란 놈이 있거든! 후남이 어머니 같은 사람이 만들어내는 불공평이 그것인데, 그 나쁜 불공평 때문에 갈수록 세상을 살기 힘들어지는 거야.

요셉 이야기는 '사람의 불공평'이라는 족쇄에서 사람을 해방하시는 하나님의 손길을 우리에게 보여준단다.

야곱의 '치우친 사랑'

이렇게 말해도 되겠구나.

"하나님이 지으신 세계, 자연 그대로의 세계에는 '불공평'이 없다. 모든 것이 조화를 이루기 때문이다. 오로지 인간사에만 불공평이 있고 거기서 모든 악과 비극이 발생한다. 그 까닭은 세상 만물 가운데 하나님의 뜻을 거역할 수 있는 유일한 존재가 인간이기 때문이다. 인간만이 하나님을 거슬러 생각할 수 있고 행동할 수 있다. 물론 그 반대로 하나님의 길을 좇아서 살아갈 수도 있다. 그것은 인간만이 지니는 위대함일 수 있고 동시에 인간만이 지니는 비극의 씨앗일 수 있다. 두 가능성 가운데 어느 쪽을 택할 것인가? 인간 아닌 그 누구도 이 결단을 대신할 수 없다."

오늘 낮에 무슨 일이 있었는지 아니? 바우(진돗개)란 녀석이 하도 낑낑거리기에 시끄러워서 잠깐 풀어줬더니 쏜살같이 달려가서 닭장을 습격하는 거 있지? 마침 어쩌다가 닭장 밖에 나와 있던 암탉 한 마리가 걸려들었지 뭐냐? 닭은 죽겠다고 도망쳤지만 바우란 놈이 한 입에 물어서 털을 뭉텅 뽑아놨구나. 우리(사람들)는 이리저리 뛰어다니며 암탉을 구해내고 드디어 바우를 붙잡아 목줄을 매고 나서 등줄기를 몇 대 쥐어박았지. 재선이는 어디서 굵직한 몽둥이를 가지고 와서 바우를 위협하는 거야. 이놈 개새끼 죽여버린다고!

한바탕 소동이 가라앉은 다음, 나는 곰곰 생각해봤어. 과연 바우는 무엇을 얼마나 잘못했기에 등줄기를 얻어맞고 몽둥이세례를 받을 뻔했는가? 바우가 습격한 게 만일 닭이 아니라 야생하는 꿩이었다면, 그래도 바우를 잡아놓고는 이놈 개새끼 죽여버린다고 위협과 욕설을 퍼부었을까? 아니지. 바우가 꿩을 잡았다면 오히려 박수치며 좋아하고 상으로 생선 대가리쯤 줬을 게야. 바우 눈에는 닭이나 꿩이나 마찬가지였을 텐데, 그렇다면 문제는 인간의 편견에 있는 것 아닐까? 바우는 자연의 법도를 그대로 좇아서 행동했을 뿐이고, 꾸중을 들어야 하는 쪽은 오히려 인간이 아닐까?

이런 생각을 하다 보니 이 세상 모든 골치 아픈 문제가 인간한테서 발생한다는 사실이 아주 분명하게 보이더구나. 그렇다면 문제의 해결책 역시 인간에게서 찾아야 하지 않겠니? 그래, 많은 사람이 사회의 불공평을 비난하고 누군가를 열심히 비판하기도 하지만 해결의 열쇠는 바로 자기 자신의 가슴속에 있다는 사실을 알아야 해. 모든 문제와 해결의 열쇠를 바로 인간인 자신이 가지고 있다는 그런 말이야.

성경 이야기로 들어가 보자.

> 야곱이 가나안 땅 곧 그의 아버지가 거류하던 땅에 거주하였으니 야곱의 족보는 이러하니라 요셉이 십칠 세의 소년으로서 그의 형들과 함께 양을 칠 때에 그의 아버지의 아내들 빌하와 실바의 아들들과 더불어 함께 있었더니 그가 그들의 잘못을 아버지에게 말하더라(창세기 37:1~2)

요셉은 성경에 나오는 주인공이니까 모든 면에서 모범이라고 생각하면 곤란해. 성경은 등장하는 주인공들의 잘못이나 부끄러운 모습을 숨기지 않고 얘기해준단다. 그래서 살아 있는 이야기로 오늘 우리한테까지 이어져 온 거야.

보렴. 여기 이 대목에서도 소년 요셉은 자기 형들의 잘못을 아버지한테 고자질하지 않니? 그는 그냥 평범한 소년이었을 뿐이야. 다만 남보다 좀 영리한 편이었다고 할 수 있겠구나. 말하자면 꾀가 많았다는 얘기지. 그러니 자연 형들의 눈에 얄미운 녀석으로 보이지 않았겠니? 요셉은 야곱의 열두 아들 가운데 열한 번째 아들이었거든. 계속 성경을 읽어보자.

> 요셉은 노년에 얻은 아들이므로 이스라엘이 여러 아들들보다 그를 더 사랑하므로 그를 위하여 채색옷을 지었더니 그의 형들이 아버지가 형들보다 그를 더 사랑함을 보고 그를 미워하여 그에게 편안하게 말할 수 없었더라
> (창세기 37:3~4)

야곱이 여러 아들 가운데 요셉만을 유독 사랑했다는 것 아니냐? 불쌍한 후남이의 어머니처럼 굴었다는 얘기지. 야곱 자신도 어렸을 적에 아버지의 편애 때문에 쓰라린 일을 많이 당했는데 시어머니한테 구박 많이 받은 며느리가 나중에 더 무서운 시어머니로 된다더니, 그 꼴이 되고 말았구나. 아버지의 편애로 말미암아 사랑하는 어머니와 헤어지고 형을 배반하여 고향에서 쫓겨나야 했던 야곱이 이번에는 자기 자식을 편애하니 말이다.

바로 이 치우친 사랑에서 인간 세상의 온갖 불공평이 생겨나는 거야. 그래서 노자는 "천지는 치우친 사랑을 하지 않아서 만물을 짚으로 만든 개처럼 여긴다[天地不仁, 以萬物爲芻狗]"고 했어. 모든 것을 공평무사로 대한다는 뜻이야. 그런데 인간은 그러지를 못하는구나. 왜 그럴까? 하나님을 등졌기 때문이야. 그래서 어리석음이라는 비늘이 눈을 덮어 모든 것을 제대로 보지 못하게 된 때문이지.

보이지 않는 하나님

방금 사람이 하나님을 등졌기 때문에 '치우친 사랑'을 한다고 얘기했는데, 사람이 하나님을 등진다는 말은 사람이 저 자신만을 생각하면서 살아간다는 말과 그 뜻이 별로 다를 바 없어. 하나님을 본다는 건 '보이지 않는 것'을 본다는 뜻이야. 하나님은 우리 눈에 보이지 않는 분이거든. 만일 하나님을 우리 눈으로 볼 수 있다면 그건 하나님이 아니라 우상이지. 하나님은 우리 눈에 보이지 않을 뿐만 아니라 손으로 잡을 수도 없고 귀로 들을 수도 없고 언어에 담을 수도 없는 분이란다.

그러나 세상은 우리 눈에 보이는 것과 보이지 않는 것으로 이루어져 있어. 우리 몸만 봐도 그렇잖니? 보이는 몸(신체)이 있고 보이지 않는 몸(마음)이 있어서 이 둘이 하나를 이룰 때 우리는 그것을 '몸'이라고 부르는 거야. 이 둘은 서로 떨어져서는 있을 수 없는 존재란다. 둘은 둘인데 별개인 둘이 아니라 하나인 둘이라는 얘기지. 중요한 얘기니까 명심해두렴. 아마 내가 열두 번도 더 얘기했을 게다.

만일 세상 사람들이 보이는 몸(신체)의 때만 열심히 닦고 보이지 않는 몸(마음)의 때는 덕지덕지 그대로 둔다면 세상이 얼마나 더럽고 냄새가 나겠니? 우리는 보이지 않는 몸의 때도 깨끗이 닦아야 해. 그런데 보통 사람들은 다만 눈에 보이지 않는다는 이유로 마음의 때 닦기를 게을리하는구나. 그래서 세상이 자꾸만 시끄럽고 살기 힘들어지는 거야.

하나님을 등지지 않고, 그분을 바라보면서 산다는 것은 우리의 몸뿐 아니라 세상의 모든 사물과 사건(역사) 속에서 '보이지 않는 부분'을 바라보며 살아가는 것이라고 할 수 있어.

그런 눈을 뜬 사람한테는 만물이 나와 더불어 한 뿌리요, 천지가 나와 더불어 한몸이라는 사실이 환히 보인단다. 그러니까 뜰 앞의 잣나무가 바로 나요, 졸졸 흐르는 개울이 다름 아닌 내 핏줄인 게야.

1854년 미합중국 대통령 피어스가 서부 지역에 살던 원주민 두와미시 부족과 수콰미시라는 부족에게 그들이 살고 있던 땅을 팔라고 했을 때, 그들 추장 시애틀은 이렇게 말했다는구나.

> 워싱턴의 대추장이 우리 땅을 사고 싶다는 전갈을 보내왔다. …… 그대들은 어떻게 저 하늘이나 땅의 온기를 사고팔 수 있는가? 우리로서는 무슨 말인지 알아들을 수가 없다. 저 맑은 공기와 반짝이는 물을, 우리 것도 아닌데, 어떻게 저것들을 팔 수 있단 말인가? 우리에게는 이 땅의 모든 부분이 거룩하다. 빛나는 솔잎, 모래 기슭, 어두운 숲 속의 안개, 맑게 노래하는 온갖 벌레들……. 우리가 겪어서 알기로는 이 모두가 거룩한 것들이다. 나무 속에 흐르는 수액은 우리 홍인(紅人)의 기억을 실어 나른다. 백인(白人)은 죽어서 별들 사이를 거닐 적에 그들이 태어난 곳을 잊어버리지만, 우리는 죽어서도 이 아름다운 땅을 결코 잊지 못한다. 그 까닭은 이 땅이 바로 우리의 어머니이기 때문이다. 우리는 땅의 한 부분이고 땅은 우리의 한 부분이다. 향기로운 꽃은 우리의 누이들이요, 사슴, 말, 큰독수리 이들은 우리의 형제이다. 바위산 봉우리, 풀잎의 이슬, 조랑말과 인간이

모두 한가족이다…….

얼마나 아름답고 힘찬 연설이냐? 이게 바로 보이는 세계와 보이지 않는 세계를 아울러 보면서, 그러니까 하나님을 바라보면서 사는 사람들의 말이요 삶인 거야. 그런데 시애틀 추장은 결국 백인의 총칼 앞에 그들의 어머니인 땅을 빼앗기고 마는구나. 이것이 '기독교 국가'라고 하는 미국의 슬픈 출발이란다. 이 점을 너희는 똑바로 알아야 해. '미국'은 절대로 우리가 본받을 만한 나라가 아니야. 백인들은 스스로 '하나님'의 이름을 부르며 기독교를 '나라 종교〔國敎〕'로 삼은 사람들이면서도 이렇게 사람과 땅 사이를 잇는 '보이지 않는 끈'을 보지 못했더구나! 그래서 그 넓은 땅을 제 맘대로 가르고 나누어 말뚝을 박고 마침내 자신의 소유물로 삼았지.

그들은 결국 하나님 이름을 불러 그것으로 자기네 욕심을 채웠을 뿐, 진짜 하나님은 보지 못했던 거야. 그들이 만일 보이지 않는 하나님을 보았더라면 자신의 어머니인 땅과 바다를 오늘 저 지경까지 만들지는 못했을 게다.

시방 '개발'이라는 이름으로 인간들이 저지르는 자연에 대한 온갖 범죄가 바로 미국에서 본격화했다는 점도, 그들이 하나님의 이름을 부르면서 하나님을 등지고 살아왔다는 사실의 반증 아니겠니?

사람이 보이는 것만 보면서 살다보면 어쩔 수 없이 자기를 만물의 중심에다 놓게 되는 법이란다. 사람 자신이 모든 것의 주인으로 되는 거지. 그것을 자기중심주 또는 이기주의라고 해.

태양을 보는 '나'가 중심이 되면 해는 날마다 떴다가 져야 하지. 그러나

불공평한 세상? 153

사실 해는 뜨거나 지거나 하는 별이 아니잖니? 사람이 자신을 '주인' 자리에 놓지 않고 자신까지도 대상으로 바라볼 수 있을 때 비로소 해를 도는 지구의 한 부분으로 존재하는 '자신에 관한 진실'을 볼 수 있는 거야.

야곱과 그의 아버지인 이삭이 자식들을 편애한 것은 결국 보이지 않는 하나님 대신 눈에 보이는 것만 보는 '인간의 어리석음'을 벗어나지 못했기 때문이지.

야곱의 실수

자, 그럼 당시 야곱으로 하여금 열두 아들 가운데 유독 요셉을 편애하게끔 만든 것이 무엇이었는지, 그러니까 그의 눈을 가려 보아야 할 것을 보지 못하게 한 '비늘'이 무엇이었는지 생각해보기로 하자.

사람들은 언제부턴가 홀몸으로는 살 수가 없는 것을 알고 여럿이 더불어 함께 사는 법을 배웠어. 그래서 가족과 씨족과 부족이 생겨났지. 그런데 여럿이 함께 살다보니까 사나운 짐승을 잡거나 농사를 짓는 데는 좋은 점도 많지만 여럿이 함께 사는 바람에 생기는 나쁜 점도 있더라는 얘기야. 서로 다투기도 하고 그러다보니 서로 미워하게도 되고 그래서 함께 더불어 하는 삶 자체가 깨어지기도 했거든. 어떻게 하면 무리를 이루어 살면서 나쁜 일이 생기지 않고 좋은 결과만 얻을 수 있을까 생각하다가 사람들은 서로 다투는 게 저마다 자기주장만 해서 그렇다는 걸 알고, 누군가가 무리의 '머리'가 되어 모든 의견을 통일하면 좋겠다고 생각했지. 아마도 여기서 인간들은 사슴떼나 벌떼가 살아가는 모양을 보고 그 지혜를 배웠는지도 모르겠구나.

이렇게 해서 생겨난 것이 이른바 '가부장 제도'라는 거야. 가부장 제도 자체의 역사는 얼마 되지 않았다는 게 인류학자들의 말이지. 그 이전에는 까마득하게 오랜 세월 '모계사회', 그러니까 어머니(여자)가 집안의 어른 노릇을 하는 시대가 있었다는구나. 그러다가 사람들이 사냥해서 먹고사는 수렵생활에서 농사를 지어 먹고사는 농경 생활로 삶의 주요 수단을 바꾸면서 어머니한테서 아버지한테로 집안의 어른 자리가 옮겨졌다는 거야.

아무튼 야곱이나 이삭이 살고 있던 시대는 이미 엄격한 가부장제가 확립되어 인간 사회의 모든 질서가 가부장제를 바탕으로 하여 이루어지고 있었어. 가부장제란 아까도 얘기했지만 인간이 무리를 이루어 살면서 발생하는 여러 가지 좋지 못한 결과들을 바로잡아 '무리생활[群生]'의 장점만을 살려보려는 뜻에서 만들어진 것이었다고 봐야 해.

그런데, 인간 사회의 모든 일이 다 그렇지만, 좋은 점이 있으면 반드시 그렇지 못한 점도 있게 마련이라 가부장 제도라는 것도 집안의 질서를 바로 세우겠다는 처음의 뜻과 달리 오히려 남자와 여자의 위치를 상전과 하인의 위치로 바꾸어 터무니없는 억압과 굴종이라는 못된 결과를 낳았구나. 가장의 권위를 세운다는 명분으로 나머지 가족들, 특히 여자들의 인격을 짓밟아도 되는 것으로 사회 관습과 인식이 타락했다는 얘기야.

집안의 질서를 어느 한 사람에게 맡긴다는 게 효율 면에서는 좋은 제도일는지도 모르지만 그만큼 위험한 것이라서 그 부작용이 지나치면 결

불공평한 세상? 155

국 질서를 유지할 '집안' 자체가 무너질 수도 있다는 사실을 미처 보지 못했던 거지.

가장은 모든 경우에 하나 이상일 수가 없어. 가장이 둘이나 셋일 수 없단 말이야. 그래서 여러 자식들 가운데서도 맏아들만이 가장이 될 자격을 갖게끔 한 거야. 어느 집안에나 '맏아들'은 하나밖에 없잖니? 그리고, 한 남자가 여러 여자와 살 경우에는 맨 처음에 결혼한 여자(정실)가 낳은 맏아들이 가장의 권위를 물려받게끔 했지. 그러니까 다른 여자들(첩)이 낳은 아들은 아무리 정실이 낳은 아들보다 나이가 많아도 가장이 될 자격이 없는 거야. 이게 대충 설명한 가부장 제도라는 것이란다. 둘째아들은 아무리 똑똑해도 소용없어. 맏아들이 아니니까.

첩의 아들도 마찬가지야. 유명한 홍길동이도 첩의 아들이었지. 그래서 그는 나중에 장군이 되어 맏아들 아니면 출세도 할 수 없는 세상을 무너뜨리고 새로운 세상을 만들려고 했던 거야.

야곱은 바로 이 '가부장 제도'라는 것 때문에 어린 시절을 어둡게 보낸 사람이었어. 그에게는 쌍둥이로 태어난 형이 있었는데 아버지인 이삭이 맏아들에서만 사랑하여 그에게만 복을 빌어주려고 했거든. 이삭이 또 어떤 사람이냐 하면 배다른 형이 있었지만 자기가 정실의 아들이었기 때문에 아버지의 축복을 물려받은 사람이었지.

그러니까 같은 '가부장 제도'로 말미암아 이삭이 이득을 본 사람이라면 야곱은 손해를 본 사람이라고 할까? 아무튼 야곱이 가부장제도의 뼈대라 할 '장자권(長子權)'에 대하여 반감을 품을 수밖에 없었으리라는 점은 쉽게 추측할 수 있겠지? 야곱이 열한 번째 아들인 요셉을 유달리 사랑하게 된 데는 이와 같은 심리적 배경이 깔려 있었다고 생각해도 무리는 아닐 게다. 말하자면 가부장 제도로 말미암은 아버지의 '편애'로 불행한 소년 시절을 보낸 야곱이 바로 그 가부장 제도에 대한 반감으로 맏아들이 아닌 요셉을 편애한 셈이지.

그런데 바로 이 점이, 아버지의 '편애'로 말미암아 받은 상처를 또 다른 '편애'로 갚아보려 한 점이 야곱의 심각한 실수였구나. 그것은 문제를 푸는 하나님의 방식이 아니라 인간의 방식이었어. 요셉 이야기는 바로 이 근본 문제를 푸는 하나님의 방법을 우리에게 보여주기도 하지. 그게 곧 참된 해방이요 탈출의 길이거든.

열한 번째 강의
형들 손에 팔려간 아우

예수님은 "우리가 하나가 된 것 같이 그들도 하나가 되게" 하려고 십자가를 지셨어. 그러니까 요셉의 형들이 요셉을 시새운 것은 마치 눈, 코, 입, 귀가 이마를 시새운 것과 같다고 할 수 있겠구나.

❧

　　　　　이제껏 가부장제 문화를 요셉 이야기의 배경으로 설명해보았다만, 그것만이 요셉 이야기의 유일한 배경이라고 생각하면 곤란해. 인간사란 그렇게 단순한 게 아니야. 해방 또는 탈출이라는 통로로 꿰뚫어볼 수도 있지만 토인비처럼 도전과 응전이라는 렌즈로 들여다볼 수도 있는 게 인간의 역사니까.

　요셉 이야기를 통해 하나님이 인간을 가부장제의 굴레에서만 벗어나게 하신 것이라고 볼 수는 없어. 나중에 언급되겠지만 사실 요셉 이야기에서 빠뜨릴 수 없는 중요한 주제 하나가 '기근으로부터 해방됨'이거든. 더구나 말로는 '젖과 꿀이 흐르는 가나안'이라고 하지만 사실은 아브라함이 떠나야 했던 고장인 밧단아람(아람의 넓은 들)에 견주면 차라리 메마른 사막이라고 해야 할 땅에서, 그것도 이미 토착민들이 자리 잡고 사는 남의 땅에서, 배운 게 유목이라 양떼를 몰고 다니며 기름지지 못한 '풍토'와 싸움을 계속하지 않을 수 없었던 이스라엘 민족에게 기근은 어떻게 해서든지 극복해야 할 지상 과제였지.

우리의 생각이 한곳에 쏠려 뭉쳐지는 것은 이 정도로 경계해두고, 이제 요셉 이야기로 돌아가자. 요셉의 처지에서 이야기를 따라가며 생각해보는 것도 좋은 방법이겠지.

요셉의 실수

아버지의 사랑을 독점하는 것이 좋은 일이 아님을 나중에 가서는 알게 되겠지만 철부지 요셉이 하는 짓을 좀 보렴. 아버지가 마련해준 호사스런 장신구를 자랑스레 달고 다니는 것만으로는 부족했는지, 글쎄 형들과 부모까지 자기한테 절을 하는 꿈을 꾸는구나.

성경의 그 대목을 읽어볼까?

요셉이 꿈을 꾸고 자기 형들에게 말하매 그들이 그를 더욱 미워하였더라 요셉이 그들에게 이르되 청하건대 내가 꾼 꿈을 들으시오 우리가 밭에서 곡식 단을 묶더니 내 단은 일어서고 당신들의 단은 내 단을 둘러서서 절하더이다 그의 형들이 그에게 이르되 네가 참으로 우리의 왕이 되겠느냐 참으로 우리를 다스리게 되겠느냐 하고 그의 꿈과 그의 말로 말미암아 그를 더욱 미워하더니 요셉이 다시 꿈을 꾸고 그의 형들에게 말하여 이르되 내가 또 꿈을 꾼즉 해와 달과 열한 별이 내게 절하더이다 하니라 그가 그의 꿈을 아버지와 형들에게 말하매 아버지가 그를 꾸짖고 그에게 이르되 네가 꾼 꿈이 무엇이냐 나와 네 어머니와 네 형들이 참으로 가서 땅에 엎드려 네게 절하겠느냐 그의 형들은 시기하되 그의 아버지는 그 말을 간직해 두었더라(창세기 37:5~11)

옛날이야기에서 '꿈'이 차지하는 몫은 아주 크단다. 대개 어렸을 적에 무슨 꿈을 꿨다면 그 꿈은 장차 일어날 일을 미리 보여주는 것이었어. 요셉의 꿈도 나중에 보면 그대로 이루어졌지. 요셉이 스스로 원해서 그런 꿈을 꿨다고는 볼 수 없겠지만, 꿈 이야기를 형들에게 들려준 것은 그리 현명한 짓이 못 된다고 봐야 하지 않겠니? 형들이 꿈 이야기를 듣고 그러잖아도 미워하던 차에 얼마나 더 미워하겠어? 성경은 그래서 형들이 "그를 더욱 미워하더니(they only hated him the more — R. S. V.*)"라고 기록했구나. 그걸 미처 헤아리지 못했다면 아직 어린 철부지였다고 할 수밖에.

그런데 전에도 말했지만, 하나님은 이렇게 요셉이 저지른, 실수라면 실수라고 할 만한 것들까지 이용해서 가부장제라는 사슬과 기근이라는 위협에서, 그러니까 스스로 만든 굴레와 밖에서 죄어드는 굴레로부터, 인간을 해방하려는 당신의 뜻을 이루시는구나. 놀라운 일 아니냐?

여기서 다음 이야기, 그러니까 요셉이 형들한테 미움을 사서 죽을 뻔했다가 낯선 땅 애굽으로 팔려 가는 대목을 살펴보기 전에 한 가지 짚고 넘어갈 문제가 있어.

───────────

* R. S. V. — The Revised Standard Version, 1946~1952년 출판된 영어 표준 성경(편집자주)

요셉은 과연 꿈에서 본 대로 나중에 형제와 부모의 절을 받는 자리에 오르게 되는데, 요셉이 그렇게 된 것은 이미 그런 꿈을 꿨기 때문에 처음부터 기정사실이 아니었느냐고, 그렇게 생각하는 사람도 있는 모양이더라. 말하자면 모든 것이 하나님의 뜻에 따라 미리 결정된 것이었다는 그런 얘기지. 이런 논리를 흔히 '결정론적 예정론'이라고 하는데, 그렇게 생각하다보면 우리의 인생도 이미 다 결정되어 있으니 뭘 잘해보려고 애쓸 것도 없다는 아주 고약한 궤변에 빠지는 수가 있단다. 그런데 그건 아니올시다야. 꿈과 현실을 그런 식으로 결부해서는 곤란하지.

요셉이 그런 꿈을 꾸었기 '때문에' 애굽의 총리대신으로 출세한 것이 아니라 하나님께서 요셉을 그런 인물로 만드셨기에, 좀더 정확하게 말하면 하나님과 요셉이 요셉을 그런 자리로 이끌었기에, 어린 시절 그런 꿈을 꾸었던 것이라고 봐야 해.

형들의 시샘

방금 "하나님과 요셉이 요셉을 그런 자리로 이끌었다"고 했는데 이 말에 대해서 잠깐 생각해보기로 하자. 사람의 운명은 하나님의 뜻과 자신의 결단으로 말미암아 이루어지는 것 아니겠니? 천지 만물 그 어느 것 하나도 '하나님' 없이는 존재할 수 없으니까. 물론 "하나님은 없다"고 주장하는 사람들까지 포함해서. 예를 들어, 태양이 없다면 저 앞뜰의 모과나무가 있을 수 있겠니? 없지. 그런데 어떤 모과나무가 "나는 태양이라는 게 있다고 생각하지 않는다"고 주장한다 해서 정말 그 모과나무가 태양 없이 저 혼자 살아갈 수 있을까? 우리가 믿는 하나님은 그런 분이시란다. 그래서 하나님은 모든 존재를 존재하게 하는 '존재 자체'라고 말하는 사람도 있고 '존재의 바탕'이라고 말하는 사람도 있어.

그러나 존재의 바탕이 곧 존재는 아니거든. 태양이 곧 모과나무는 아니란 말이야. 그러므로 요셉의 운명은 하나님 없이 이루어질 수 없는 것이면서 동시에 요셉의 결단 없이도 이루어질 수 없는 그런 것이지. 그래서 하나님과 요셉이 함께 요셉의 운명을 이끌어갔다고 말한 거야.

자, 다시 성경으로 돌아가자. 요셉이 꿈 이야기를 해서 형들의 미움을 사고 아버지한테 꾸중을 듣는 대목까지 읽었지? 형들한테 미움을 사게 된 것은 당연한 일이지만(사실은 그걸 당연하다고 말하는 우리의 생각 자체가 문제란다. 이 이야기는 뒤에 다시 하기로 하자) 아버지의 꾸중은 좀 다르게 보이는구나. 정말로 요셉이 잘못해서 꾸짖은 것이라기보다는 오히려 형들한테서 미움을 사면 무슨 해를 입을지 몰라 미리 그것을 막아주려는 몸짓 같지 않니? 그래서 성경은 끝에다가 "그의 아버지는 그 말을 간직해두었더라"고 덧붙였지. 요셉이 나중에 집안의 어른이 되어 형들의 절을 받음으로써, 무조건 맏아들한테만 집안의 모든 권리가 돌아가는 당시의 가부장제가 무너지는 결과를 보고 싶었던 건지도 모르겠구나. 물론 그때 야곱이 거기까지 '의식'을 했을지는 알 수 없지만(아마 그는 자기가 가부장제라는 체제 안에서 살고 있다는 생각조차 하지 못했고 따라서 가부장제라는 말도 몰랐을 게다) 자기도 모르는 가운데 그런 생각을 했을 수는 있지 않겠니? 그런 걸 심리학에서는 무의식이라고 하는가 보더라만.

요셉이 형들 손에 죽을 뻔하다가 먼 나라 애굽으로 팔려가는 얘기는 어느 날 야곱이 요셉을 불러 심부름을 보내는 데서부터 시작되지.

"네 형들이 세겜에서 양을 치지 아니하느냐. 너를 그들에게로 보내리라. 가서 네 형들과 양떼가 다 잘 있는지를 보고 돌아와 내게 말하라."

그래서 요셉은 집을 떠나 형들이 양을 치는 세겜으로 갔다가 그들이 도단으로 떠났다는 말을 듣고 그리로 가는데 거기서 형들을 만나게 되지. 그런데 형들은 멀리서 요셉이 오는 것을 보고 반기기는커녕 오히려 그를 죽이려고 마음을 먹는구나.

"꿈 꾸는 자가 오는도다. 자, 그를 죽여 한 구덩이에 던지고 우리가 말하기를 악한 짐승이 그를 잡아먹었다 하자. 그의 꿈이 어떻게 되는지를 우리가 볼 것이니라."

형들은 왜 요셉을 죽이려고 했을까? 성경은 그들이 요셉을 질투했다고 했어(창세기 37:11). 그러니까 '질투'가 사람을 죽이기까지 했다는 말이지. 질투는 '나'와 '남'을 나눠놓고 생각하는 데서, '나'와 '너'를 비교하는 데서 오는 거야. 아무개가 나보다 공부도 더 잘하고, 노래도 더 잘하고, 그러니까 샘이 나는 것 아니겠니? 만일 그 아무개가 자기의 아들이나 딸이라면, 그래도 샘이 날까? 하긴 부자지간이나 모녀지간에도 질투를 하는 게 사람이지만, 바로 그 '질투'가 인류 첫 번째 살인 범죄를 저지르게 했다는 얘기 아니냐? 만일 가인이 아우 아벨의 제사가 하나님께 받아들여진 것을 보고, 내 제사가 거절당했다만 네 것이 용납되었으니 참 다행이구나 하고 생각하여 함께 기뻐했더라면 인류 최초의 살인자라는 불행한 존재는 되지 않았겠지. 왜 우리는 누가 무엇을 나보다 더 잘할 때 그것을 기쁜 마음으로 받아들이지 못하는 걸까?

그것은 깊이 파고들어 보면, '존재의 신비'에 대하여 제대로 알지 못하는 어리석음에서 생겨나는 비극이란다. '나'와 '남'이 서로 별개의 다른 존재(서로 떨어져서 존재하는)가 아니라 '한몸'이라는 진리를 모르기 때문에 샘이 나는 거야. '존재의 신비'를 꿰뚫어 보면 '천상천하 모든 것이 나의 몸'이라는 사실을 깨닫게 되지.

예수님은 "우리가 하나가 된 것 같이 그들도 하나가 되게"(요한복음 17:22) 하려고 십자가를 지셨어. 그러니까 요셉의 형들이 요셉을 시새운 것은 마치 눈, 코, 입, 귀가 이마를 시새운 것과 같다고 할 수 있겠구나. 질투는 '악한 마음'에서 나오는 게 아니라 '어리석음'에서 나오는 거야. 그래서 불가(佛家)에서는 모든 괴로움(苦)이 어리석은 무지(無知)에서 비롯된다고 가르치지. 그런데 우리는 형들이 요셉을 질투한 것을 당연한 일이라고 생각하니 우리가 얼마나 병들어 있는지 스스로 알 수 있잖니?

존재의 신비

🖎형들이 요셉을 미워한 것이 얼핏 보면 당연한 일 같지만 사실은 남을 해코지하는 것이 곧 자기를 해코지하는 것임을 모르는 무지(無知)의 결과라고 했는데, 이 문제는 매우 중요하니까 조금 더 설명할 필요가 있겠다.

세상에 존재하는 모든 것이 저 혼자 동떨어져서 존재하지는 않는다는,

그러니까 다른 것들과 결부되지 않은 '낱개'란 없다는 뜻으로 생태학자들은 "모든 것이 모든 것과 연결되어 있다"는 말을 자주 하는데 우리 몸을 예로 들어보자. 머리는 몸을 구성하는 한 부분이니까 '머리 = (몸의 한) 부분'이라는 등식이 성립하겠지? 그런데 머리는 눈, 코, 입, 귀, 턱, 이마 따위 여러 부분들이 모여서 이룬 하나의 전체거든. 따라서 '머리 = (여러 부분들로 이루어진) 전체'라는 등식을 쓸 수 있지 않겠니? 결국 '부분 = 머리 = 전체'라는 이상한 등식이 성립되지. 머리만 그런 게 아니라 모든 존재물이 부분이면서 동시에 전체야. 그 어느 것도 동떨어진 낱개가 아니라는 얘기지. 이런 존재의 본질을 일컬어 '홀론(holon)'이라는 말로 표현한 사람이 있어.

전체를 뜻하는 라틴어 '홀루스(holus)'에 낱개를 뜻하는 어미 '—온(—on)'을 붙여서 만든 합성어지. 모든 존재가 홀론이라는 말은, 모든 존재가 그 어떤 것들로 이루어진 전체이면서 동시에 그 어떤 것을 이루는 부분(개체)이라는 뜻이야. 이것을 '존재의 신비'라고 하는데 이 존재의 신비는 가시(可視)의 세계, 그러니까 우리의 육안으로만 볼 수 있는 세계에서는 쉽게 보이지 않는단다.

그래서 '신비'라는 말을 쓰는 거야. 보이지 않는 세계를 들여다보는 눈을 지닌 사람에게만 모든 것을 연결 짓는 보이지 않는 끈이 보이거든. 우리가 하나님을 믿는다는 것은 바로 그 보이지 않는 끈의 실재를 믿는 것과 다를 바 없다고 생각해. 오해는 말아라. 그렇다고 해서 바로 그 보이지 않는 끈이 곧 하나님이라고 말하는 건 아니니까.

그 누구도 "이것이 곧 하나님이다" 하고 말할 수는 없어. 사도 요한이

"사랑이 곧 하나님이다" 하고 말하지 않고 "하나님은 사랑이시다" 하고 말한 사실을 잘 명심해두렴.

우리는 쉽게 지구가 오대양 육대주로 이루어져 있다고 말하지만, 사실 모든 바다와 모든 대륙이 서로 연결되어 있지 않니? 지구의를 돌려가며 살펴봐. 모든 바다가 서로 이어져 있고 그 바다 밑으로 해서 모든 대륙이 연결돼 있잖아? 물 밑의 보이지 않는 세계를 들여다보면 결국 지구는 커다란 땅 덩어리 하나와 큰 바다 하나로 이루어져 있다는 사실을 보게 되지.

봄만 되면 서쪽에서 누런 모래를 싣고 바람이 불어오잖니? 이제 앞으로 중국에 큰 공장이 들어서고 자동차가 대륙을 누비게 되면 거기서 나오는 매연과 독가스를 바로 우리가 마셔야 하는 거야. 따라서 중국 사람들이 어떻게 사느냐 하는 문제는 우리의 삶과 동떨어진 것이 아니라는 얘기가 되는 거지.

말이 나온 김에 한 가지만 더 짚고 넘어가자. 지금까지 세계는 이른바 '선진국'이라는 이름으로 불리는 나라들을 개발의 모델로 삼고 저마다 그들의 생활수준을 따라잡겠다는 목표를 세우고 헐떡이며 달려왔다고 볼 수 있는데(우리나라도 물론 예외가 아니지), 최근에 들어와서 제3세계의 몇몇 나라들이 바로 이 '선진국을 향한 경주' 자체에 의심을 품고 고개를 갸웃거리기 시작했어.

왜냐하면, 아무리 애를 써도 선진국 사람들의 생활수준을 따라잡을 수 없을 뿐 아니라(같은 시간에 그들은 더욱 빨리 앞으로 '선진!'을 하니까) 과연 그들처럼 사는 게 잘사는 것인지 반성하게 됐거든.

그리고 양심적으로 내린 결론은 '아메리칸 라이프 스타일(미국식 생활 양식)'이 결코 바람직한 삶이 아니라는 것이었어. 세계 인구의 6퍼센트에 지나지 않는 미국인이 세계 총 에너지의 40퍼센트를 쓰고 있는데, 백 사람에게 나눠줄 빵 백 개 중에서 사십 개를 여섯 사람이 먹어치운다면, 그것을 과연 바람직한 삶의 모델이라고 볼 수 있겠니?

만일 지구상의 모든 사람이 오늘날 미국인이 쓰고 있는 수준으로 자원을 쓴다면 그 자원 조달과 쓰레기 처리를 위해 지구와 크기가 같은 별이 다섯 개쯤 더 있어야 한다는 계산이 나오는데, 그래도 미국식 생활을 지구인의 모델로 삼자는 주장을 계속할 수 있겠어?

그게 모두 '존재의 신비'를 깨닫지 못한 요셉 형들의 실수를 오늘의 선진 문명이 되풀이하는 것에 지나지 않아. 나뭇가지 하나를 꺾을 때 상처를 입는 것은 나무 아니냐? 요셉의 형들은 요셉의 운명이 보이지 않는 끈으로 자기네 운명과 연결되어 있음을 보지 못했던 거야. 그래서 요셉을 죽이려고 하는구나. 그런데 하나님은 그들의 실수를 이용하여 오히려 그들을 살려내시니 이 얼마나 기막힌 은총이냐?

아우를 팔아먹은 형들

요셉의 형들이 요셉을 죽이기로 음모를 꾸밀 때 맏형인 르우벤은 요셉을 살리려고 했어. 앞에서 미국 이야기를 했다만, 미국과 미국 사람은 다르다는 사실을 기억해둘 필요가 있겠구나. 미국 사람들 가운데는 미국이 세계에 저지르고 있는 일들을 비판하고 반대하는 사람도 많으니까.

　세상일이라는 게 그렇단다. 그러니 아무개는 무슨 단체 또는 어느 계층에 속해 있으므로 무조건 나쁘다 또는 좋다고 판단해버리는 것은 옳은 일이 아니야. 르우벤도 요셉을 죽이려는 '형들' 가운데 하나였지만 생각은 달랐어. 어떻게 해서든지 요셉을 살리려고 했거든. 그러나 르우벤이 '형들'의 음모를 막을 수는 없었지. 대개 양심 있는 '개인'이 사악한 '집단' 속에서 그 집단의 행동을 막지는 못하더구나. 가끔 목숨 걸고 반대하다가 결국 희생당하는 경우는 있지만.

　르우벤은 '형들'의 음모를 무효로 만들지는 못했으나 그래도 요셉을 죽음에서 건져내기는 했어. 그게 어디냐? 잘못된 사회에 몸담아 살면서도 어떻게든 그 사회의 악으로부터 인간을 구해내려고 애쓰는 '개인'의 노력을 우습게 봐서는 안 돼. 르우벤은 요셉을 잠시 구덩이에 넣었다가 나중에 꺼내어 집으로 돌려보낼 셈으로 이렇게 말했지. "피를 흘리지 말라. 그를 광야 그 구덩이에 던지고 손을 그에게 대지 말라." 르우벤의 속셈을 알았는지 몰랐는지 어쨌거나 그들은 맏형의 말을 들었어. 그래서 요셉의 옷을 벗기고는 근처에 있는 마른 구덩이에 처넣었지.

　그런데 마침 그때 사막을 건너다니며 장사를 하는 상인들이 지나가는 거야. 그들을 보고 넷째아들인 유다가 말했어. "우리가 우리 동생을 죽이고 그의 피를 덮어둔들 무엇이 유익할까. 자 그를 이스마엘 사람들에게 팔고 그에게 우리 손을 대지 말자. 그는 우리의 동생이요 우리의 혈육이니라."

　이를테면 직접 죽이지는 말고 먼 나라로 팔아버리자는 얘기였지. 결과를 놓고 보면 요셉을 구덩이에 넣자고 한 르우벤이나 팔아버리자고 한 유다나 모두 요셉이 애굽의 총리대신으로 출세하는 데 중요한 역할을 한 셈이 됐지만, 그것은 말 그대로 하나님의 섭리에 의한 '결과'일 뿐 당사자인 요셉으로서는 얼마나 기가 막히고 억울한 일이었겠니?

그런데 성경은 이상하게도 이 대목에서 요셉의 태도나 행동에 대한 설명이나 묘사는커녕 단 한마디 말도 하지 않는구나. 몸부림치며 항거하거나 형들을 원망했다는 암시조차 없으니 그 까닭이 무엇일까? 사실 이야기의 주인공이 요셉인데 말이다.

아버지 심부름으로 도단 들판에서 양을 치는 형들을 찾아갔다가 애굽으로 팔려가 바로의 친위대장 보디발의 노예로 될 때까지 요셉은 여러 사람에게 마치 어떤 물건처럼 취급받고 누구도 그를 자신의 생각과 뜻을 지닌 인격체로 대하지를 않는구나. 성경은 어째서 요셉의 태도나 행위를 암시조차 하지 않을까? 이렇게 철저한 침묵으로 도대체 무엇을 말하려는 걸까? 한번 생각해보렴. 어떤 사건의 주인공이면서도, 역사의 주체이면서도 (영화로 치면 조연이나 엑스트라에 지나지 않는) 주변 사람들로부터 깨끗하게 묵살당하는, 또는 무슨 소도구쯤으로 취급당하는 그런 '사람'이 있단다. 우리 시대에는 과연 누가 그런 사람일까?

앞의 이야기로 돌아가자. 형들은 요셉을 은 스무 냥에 팔아넘기고 나서 염소를 한 마리 죽여 그 피를 요셉의 옷에 묻혔어. 요셉이 들짐승한테 당한 것처럼 꾸민 거야. 그들은 집에 돌아와서 아버지를 속였지. "우리가 이것을 발견하였으니 아버지 아들의 옷인가 보소서."

얼마나 뻔뻔스런 거짓말이냐? 제 아우를 노예로 팔아먹고 태연하게 아버지를 속일 수 있다니? 그런데 그게 바로 인간의 모습이구나. 야곱은 하릴없이 아들들한테 속아 넘어갔어. 피 묻은 요셉의 옷을 보고 소리쳐 울었지. "내 아들의 옷이라. 악한 짐승이 그를 잡아먹었도다. 요셉이 분명 찢겼도다." 야곱 자신이 젊었을 때 아버지 이삭을 속여 형에게 돌아갈 복을 가로채더니 이제 자기의 아들들한테 속는구나. 남을 속인 자는 남에게 속는 법인가?

사랑하는 아들을 잃어버린 야곱은 다른 아들들의 위로도 마다하고 날마다 울면서 세월을 보내는 신세가 되었어.

침묵하시는 하나님

자, 이제 우리의 눈을 주인공인 요셉이 노예로 팔려간 애굽으로 돌려보자. 애굽은 너희가 알다시피 고대 문명 발상지로서 나일 강을 중심으로 기름진 땅에 사람들이 농사를 짓는 곳이었어. 따라서 이른바 농경문화가 일찍이 발달한 곳이었지.

영문도 모른 채 먼 나라로 팔려 애굽 왕 바로의 신하이자 친위대장인 보디발의 노예가 된 요셉은 그렇게 어처구니없는 일이 자기에게 벌어지는데도 아무런 항거의 몸짓을 보여주지 않는구나. 성경 이야기를 따라서 읽다보면 요셉은 자기에게 일어나는 모든 일을, 말 그대로 '모든' 일을, 취사선택 없이 그대로 받아들이는 아주 놀라운 모습을 보여준다. 털 깎는 자 앞에서 말없이 털을 깎이는 양의 모습이라고 할까?

그런데 침묵은 요셉만의 것이 아니구나. 하나님께서도 그렇게 엉터리 없는 사건이 벌어지는데, 형들이 아우를 죽이려 하고 노예로 팔아넘기고 아버지를 속이고 하는데, 위로부터 아무런 신호도 보내지를 않는 거야. 아담이 선악과를 따서 먹으려고 하는 순간에도 역시 하나님은 침묵하셨어. 어디 그뿐이냐? 당신의 아들 예수님이 십자가에 달리는 순간에도 들리는 소리는 못 박는 망치 소리에 인간들이 예수를 조롱하며 떠드는 소리뿐이었지.

하나님의 침묵! 왜 그분은 인간 세상에서 당신의 뜻을 거역하는 사건이 벌어지고 있는 바로 그 결정의 순간에 침묵하실까? 아담이 선악과에 손을 대는 순간, 가인이 아벨의 뒷머리를 노리며 돌을 잡는 순간, 예수님이 십자가에 못 박히는 바로 그 순간에 하나님이 나타나셔서 "아담아, 네가 지금 무엇을 하느냐?" 또는 "가인아, 네 아우 아벨이 어디 있느냐?" 그러시든지 "예수에게 손을 대지 말아라. 그는 나의 아들이요, 내가 기뻐하는 자다" 하고 말씀하셨더라면 그런 비극은 벌어지지 않았을 텐데, 왜 그러셨을까?

어째서 결정적 순간에는 아무 말 없으시다가 꼭 한 발짝 뒤에 나타나 '뒷북'을 치시는 걸까? 아담이 선악과를 삼킨 다음에야 나타나시어 "네가 어디 있느냐? 왜 먹지 말라는 것을 먹었느냐?" 하며 책임을 묻고, 아벨이 이미 숨진 뒤에야 가인에게 "네 아우 아벨을 어찌 했느냐?" 하고 물으시는 까닭이 무엇일까? 사람들이 예수님을 죽여 무덤에 묻을 때에는 가만히 계시다가 사흘 뒤에 무덤을 헤치고 예수님을 되살리시는 까닭은 도대체 무엇일까?

광주 땅에 그 무서운 학살 만행이 저질러졌을 때에도 하늘은 잠잠했지. 그해 오월, 어째서 하늘은 천둥 번개에 실어 벼락을 내리지 않았고 바람만 땅에서 동서남북으로 미친 듯이 불어댔을까? 참, 그때 바람 겁나게 불더구나. 왜 하늘은 당신의 뜻을 거역하는 인간의 행위가 절정에 이르렀을 때 입을 굳게 다물고 눈까지 감아버리는 것일까?(예수님이 십자가에 매달려 있을 때 약 세 시간가량 어두워졌다는 것은 하늘이 차라리 눈을 감은 것 아니겠니?) 이 무겁고 두려운 '침묵'의 뜻을 생각해보렴.

요셉이 보디발의 노예가 되어 일단 숨가쁜 운명의 소용돌이에서 벗어났다고 할까, 어쨌거나 자리를 잡고 한숨 돌리게 되자, 그제야 성경은 비로소 "여호와께서 (요셉과) 함께하셨다"고 기록하는구나. 하나님이 등장하셔야만 하는 절체절명의 순간에는 태산 같은 침묵 뒤에 숨어 계시다가 사정이 바뀌어 이제 좀 숨을 돌릴 만해지면 그때에야 나타나시는 하나님을 성경은 우리에게 보여주는 거야.

어쨌거나, 하나님이 요셉의 일을 모두 잘되게 해주셨기 때문에 보디발은 그를 한 식구처럼 여겼어. 뿐만 아니라 보디발은 하나님이 요셉을 돌봐주시는 바람에 자기의 집안이 더욱 번창해지는 것을 알고는 요셉을 심복으로 삼아 집안의 모든 일을 맡겼단다. 요컨대 요셉은 보디발 집안의 가노(家奴)로 들어갔다가 출세에 출세를 거듭하여 요샛말로 비서실장까지 올라간 거야.

둘러서 말하면 그 사이에 화(禍)가 복(福)으로 바뀐 거지. 그런데 세상만사가 그렇듯이, 또 다른 화의 파도가 밀려드는구나. 요셉이 아주 잘생긴 청년이었던 것이 엉뚱한 화근으로 되었던 거야.

유혹을 뿌리친 요셉

　　　　　　　　요셉의 잘생긴 모습에 보디발의 아내가 반해버렸구나. 그래서 남편 몰래 바람을 피우려고 요셉을 꾀었지만 요셉은 말을 듣지 않았어. 그 대목을 함께 읽어보자.

　　　　요셉은 용모가 빼어나고 아름다웠더라 그 후에 그의 주인의 아내가 요셉에게 눈짓을 하다가 동침하기를 청하니 요셉이 거절하며 자기 주인의 아내에게 이르되 내 주인이 집안의 모든 소유를 간섭하지 아니하고 다 내 손에 위탁하였으니 이 집에는 나보다 큰 이가 없으며 주인이 아무것도 내게 금하지 아니하였어도 금한 것은 당신뿐이니 당신은 그의 아내임이라 그런즉 내가 어찌 이 큰 악을 행하여 하나님께 죄를 지으리이까 여인이 날마다 요셉에게 청하였으나 요셉이 듣지 아니하여 동침하지 아니할뿐더러 함께 있지도 아니하니라 (창세기 39:6~10)

　　요셉은 어린 나이에 팔려와서 보디발의 심복이 되어 집안의 모든 일을 관장하는 위치에 오르는 동안 건장한 청년이 되었던가 보구나. 주인 여자가 요셉을 사랑했는지 어쨌는지는 모르겠는데 어쨌든 남편 몰래 성적(性的)인 쾌락을 맛보려고 했던 것만은 틀림없다고 봐야겠지. 그러나 그건 옳지 못한 일이야. 아내로서는 남편을 배반하는 짓이요, 종으로서는 주인을 배신하는 짓이니까. 그리고 나아가서 그것이 하나님을 거역하는 짓이라는 걸 요셉은 알고 있었어. 사람들은 그런 관계를 불륜 관계라고 말하지. 사람으로서 마땅히 지켜야 할 도리(人倫)를 어기는 짓이거든.

요즘 "하면 된다"는 말을 크게 써서 붙이고 이른바 적극적인 사고방식을 강조하는 걸 흔히 보게 되는데 일리 있는 말이지만 사람에게 "하면 안 된다"는 말도 필요하다는 사실을 잊어서는 안 돼. 사람에게는 해서는 안 되는 일이 있는 거야. 요셉은 보디발의 신임을 두텁게 얻어 집안 모든 일을 자기 마음대로 할 수가 있었어. 그러나 주인의 아내만은 손을 대서는 안 되는 몸이었지. 비유하자면, 요셉에게는 주인의 아내가 아담의 선악과였던 거야. 하나님이 아담에게 동산에 있는 모든 열매를 마음대로 따서 먹을 수 있지만 선과 악을 알게 하는 나무 열매만은 먹지 말라고, 따서 먹으면 죽는다고 이르셨거든. 아담은 바로 그 유일한 금기(taboo)를 어겼지. 그래서 먹음직스런 선악과를 따서 먹었던 거야.

지금 요셉은 그와 비슷한 유혹을 받은 셈이지. 주인은 밖에 나가서 집 안에 없겠다, 젊은 여자가 은근히 자기 침실로 끌어들이는데 웬만한 남자 같으면 넘어가지 않았겠니? 아니, 어쩌면 자기 쪽에서 먼저 주인 여자를 유혹했을지도 모르지. 그런데 요셉은 단호하게 여자의 유혹을 뿌리치는구나. 인륜을 어기는 쾌락은 즐거움이 아니라 고통을 안겨다줄 뿐이란 것을 젊은 나이에 어떻게 알았을까? 요셉은 '아무도 모르게 일어나는 일'이란 세상에 없다는 사실을 이미 알고 있었던 거야.

두 사람이 길을 가다가 황금덩이를 보았대. 한 친구가 말하기를 "아무도 보는 이가 없으니 우리 둘이 나눠서 가지자"고 하자 다른 친구가 이렇게 대답했다는구나. "아무도 보는 이가 없다니? 하늘이 보고 땅이 보고 자네가 보고 내가 보지 않는가?"

이런 의미에서 세상에는 완전한 비밀이 있을 수 없어. 더구나 하나님의 존재를 믿는 사람은 곁에 사람이 없다고 해서 마음대로 아무렇게나 행동할 수는 없는 거야. 그래서 옛 어른도 "군자(君子)는 필신기독(必愼其獨)이라" 하여 배운 사람은 반드시 혼자 있을 때에 몸을 삼가 조심해야 한다고 했어. 하늘이 내려다보고 계시거든.

주인 여자가 날이면 날마다 요셉을 꾀었지만 요셉은 요지부동, 열 번 아니라 백 번, 만 번 찍어도 넘어가지 않는 나무였구나. 보이지 않는 하나님을 눈으로 뵙듯이 모시고 있었기 때문이야. 이런 걸 두고, '하나님을 두려워하면서 사는 삶'이라고 말할 수 있겠지. 그러나 주인 여자 또한 그냥 그대로 물러날 사람은 아니었어. 하루는 아예 요셉을 붙잡고 매달렸지. 여자가 옷자락을 잡고 놔주지 않자 요셉은 옷을 버리고 알몸으로 도망치는데 그야말로 필사적이었다고 해야겠구나. 여자는 마지막 수단까지 거절당하자 오히려 앙심을 품고, 요셉이 자기를 겁탈하려다가 소리를 지르는 바람에 옷을 벗어둔 채 도망쳤다고 억울한 누명을 씌웠어.

보디발은 아내의 말만 듣고 화가 나서 요셉을 감옥에 가두어버렸지. 요셉은 이번에도 한마디 변명조차 없이 감옥에 갇히는구나. 그런데 그 감옥이 왕의 죄수들을 가두어두는 곳이더라는 얘기야.

열두 번째 강의
다시 부둥켜안은 형제들

형들은 과연 달라졌을까? 아우를 미워하여 죽이려고까지 했던 그 마음을 이제는 버렸을까? 죽이려던 아우를 먼 나라에 종으로 팔아먹고 아버지를 태연하게 속이던 그 못된 마음을 이제는 버렸을까?

⚜

바로의 감옥에서

　　　　억울하기 짝이 없는 누명을 쓰고 요셉은 감옥에 갇혔어. 그런데도 지난번 형들한테 당할 때처럼 역시 아무 말도 하지 않는구나. 침묵하기로는 하나님도 마찬가지였어. 성경의 그 대목을 읽어 보기로 하자.

　　이에 요셉의 주인이 그를 잡아 옥에 가두니 그 옥은 왕의 죄수를 가두는 곳이었더라 요셉이 옥에 갇혔으나 여호와께서 요셉과 함께 하시고……(창세기 39:20~21)

　　여호와의 이름이 나타난 것은 이미 요셉이 감옥에 갇힌 다음이야. 그러니까 그가 억울한 누명을 쓰는 결정적인 순간에는 숨어 계셨던 거지. 일단 일이 마무리되고 요셉이 감옥에 갇힌 뒤에 비로소 여호와는 나타나 요셉을 돌보셨다는 게 성경의 기록인데, 과연 하나님은 요셉이 억울한 일을 당하는 그 순간에 왜 가만히 계셨을까?

이 '침묵'의 뜻을 알려면 다른 방법은 없고, 우리가 몸소 요셉처럼 말도 되지 않는 억울한 일을 겪어보는 수밖에는 없겠구나.

아무튼 하나님은 감옥에 갇힌 요셉을 돌봐주셨어. 그래서 그에게 한결같은 사랑을 쏟고 은총을 베푸시어 간수장의 눈에 들게 해주셨지. 요셉은 다시 간수장의 신임을 얻어 감옥 안에서 무슨 일이고 마음대로 할 수 있게 되었어. 말하자면 보디발의 집안에서 노예의 신분으로 으뜸 자리에 올랐듯이 감옥에서도 으뜸 죄수가 되었던 거야. 지난번에도 말했지만, 자기에게 일어나는 모든 일을 말없이 받아들이고 그 주어진 자리에서 최선을 다하는 요셉의 태도야말로 우리 모두 본받을 만한 삶의 자세라는 생각이 드는구나.

바로 이런 태도가 유대 민족의 저력을 이루는 바탕이란다. 그들은 무슨 일이든 일단 일어난 일에 대해서는 그 일의 과거를 캐어 잘잘못을 따지는 대신, 그 모든 일이 하나님의 섭리였다고 믿었어.

나라가 멸망했을 때에도 그들은 외국 군대가 자기네 나라를 멸망시킨 것이 아니라 하나님께서 외국 군대를 몽둥이 삼아 그와 같은 징벌을 내리신 것이라고 '해석'했거든. 일어난 모든 일을 하나님의 섭리에 따른 것으로 믿을 때 거기에서 새로운 희망과 기대가 생겨났던 거야. 그게 바로 '믿음의 힘'이지.

요셉 이야기는 이 대단한 믿음이 어떻게 결실을 맺는지, 그 과정을 잘 보여주는구나. 감옥에 갇힌 것이 그 자체로서는 매우 억울한 일이었지만, 그런 과정을 거쳐서 요셉은 결국 애굽의 왕인 바로를 만나게 되고 바로를 만나서 마침내 그 나라의 총리대신으로 출세하게 되거든. 그러니까 총리대신이 된 시점에서 과거를 돌이켜보면 그에게 일어난 어처구니없는 사건들이 모두 오늘의 영광을 위한 주춧돌이요 기둥이더라는 그런 얘기가 되겠지.

만일 형들이 그를 팔지 않았더라면, 만일 보디발의 아내가 그를 유혹하지 않았더라면, 만일 주인 여자가 억울한 누명을 씌우지 않았더라면 (다시 말해서, 이 모든 일이 일어나는 동안에 단 한 번이라도 요셉이 원하는 대로 일이 진행됐더라면) 요셉은 감옥에 갇히지 않았을 것이고, 감옥에 갇히지 않았더라면 바로의 시종들을 만나지 못했을 것이고, 따라서 바로의 꿈을 풀어줌으로써 마침내 나라를 기근에서 건지고 총리대신이 되어 굶어죽게 된 아버지와 형들까지 살리는 일을 하지 못했을 것 아니냐? 이래서 하나님을 믿는 사람은, 돌이켜보면 모든 것이 그분의 은총이라는 고백을 하지 않을 수 없게 되는 거야.

요셉이 감옥에 갇힌 지 얼마 되지 않아 바로의 시종 둘이 감옥에 들어왔는데 하나는 바로가 먹는 빵을 맡은 시종이고, 다른 하나는 술을 맡은 시종이었어. 그런데 그 두 사람이 동시에 꿈을 꾸었는데 무슨 꿈인지 알 수가 있어야지. 그들이 궁금한 가운데 꿈 얘기를 하자 요셉이 대뜸 해몽을 해주는구나. 하나님께서 그에게 해몽하는 지혜를 주셨던 거야. 요셉의 해몽대로 술 맡은 시종은 살아났고, 빵 맡은 시종은 죽었어.

요셉은 이제 자기의 억울한 옥살이도 끝났다고 생각했지. 술 맡은 시종에게 일러준 말이 있었거든. "……당신은 그 전에 술 맡은 자가 되었을 때에 하던 것 같이 바로의 잔을 그의 손에 드리게 되리이다. 당신이 잘 되시거든 나를 생각하고 내게 은혜를 베풀어서 내 사정을 바로에게 아뢰어 이 집에서 나를 건져주소서. 나는 히브리 땅에서 끌려온 자요, 여기서도 옥에 갇힐 일은 행하지 아니하였나이다."(창세기 40:13~15)

사흘 뒤, 요셉이 일러준 대로 술 맡은 시종은 살아났지만, 너무 기뻐서 그랬을까? 요셉의 부탁을 까맣게 잊어버렸지 뭐냐. 하루, 이틀, 사흘…… 한 달, 두 달, 석 달…… 아무리 기다려도 요셉에게는 반가운 소식이 들리지 않았어. 그렇게 무심한 세월이 흘러 어느덧 이태가 지났구나. 요셉이 모든 것을 잊고 모든 기대마저 버렸음직한 바로 그때, 바로가 이상한 꿈을 꾼 거야.

요셉의 벼락출세

요셉이 감옥에서 하루라도 빨리 나오고 싶었을 것은 물어보나마나 뻔한 일 아니겠니? 술 맡은 시종에게 자기 석방을 위해 애써달라고 부탁한 것만 봐도 알 수 있지. 그러니 요셉이 하나님께 자기를 감옥에서 빼달라고 기도하지 않았을 리가 없는데, 그런데 하나님께서는 그의 기도를 말하자면 이태씩이나 들어주지 않으셨구나. 감옥에서 이 년이라는 세월을 보내는 동안 요셉은 하나님이 자기 기도를 들어주시지 않는다고 생각했겠지. 그러나 하나님께서는 사람의 기도를, 그것이 어떤 기도든 간에 반드시 들어주시는 분이란다. 다만 들어주시는 방법이나 때를 사람이 바라는 대로가 아니라 당신의 뜻에 따라 정하실 뿐이야. 요셉이 감옥에서 내보내달라는 기도를 드렸을 때에도 하나님께서는 당신이 결정하신 방법으로 그 기도를 들어주신 거야. 때로는 사람들이 하도 엉터리 같은 기도를 하기 때문에, 그런 기도를 바라는 대로 들어주었다가는 그 인생뿐 아니라 주변에 있는 많은 다른 인생까지 망칠 수 있기 때문에, 하나님께서는 끝내 들어주시지 않을 때가 있어. 그런 경우에는 바로 그 '무응답'이 최신의 응답이라는 사실을 깨달아야 해. 그래서 어느 해인가 김교신 선생님은 12월 31일 밤 일기에 다음과 같은 기도문을 적어놓으셨더구나.

"하나님 지난 일 년 동안 저의 기도를 들어주셔서 고맙습니다. 그리고 지난 일 년 동안 더 많은 저의 기도를 들어주지 않으셔서 더욱 고맙습니다."

알겠니? 이런 태도를 가리켜 '신앙'이라고 하는 거야.

다시 요셉 이야기로 돌아가자. 하나님께서는 이태 동안 아무런 약속도 없이 기다리게 하다가 드디어 때가 되어 요셉을 감옥에서 풀어주시는데, 그냥 풀어주시는 게 아니라 애굽의 바로를 직접 만날 수 있도록 만드시는구나. 바로가 이상한 꿈을 꾸었는데 온 나라에서 한다 하는 점술가와 현인들을 데려다가 해몽을 시켰지만 도무지 풀지를 못하는 거야. 그 대목을 함께 읽어보기로 하자.

만 이 년 후에 바로가 꿈을 꾸즉 자기가 나일 강 가에 서 있는데 보니 아름답고 살진 일곱 암소가 강 가에서 올라와 갈밭에서 뜯어먹고 그 뒤에 또 흉하고 파리한 다른 일곱 암소가 나일 강 가에서 올라와 그 소와 함께 나일 강 가에 서 있더니 그 흉하고 파리한 소가 그 아름답고 살진 일곱 소를 먹은지라 바로가 곧 깨었다가 다시 잠이 들어 꿈을 꾸니 한 줄기에 무성하고 충실한 일곱 이삭이 나오고 그 후에 또 가늘고 동풍에 마른 일곱 이삭이 나오더니 그 가는 일곱 이삭이 무성하고 충실한 일곱 이삭을 삼킨지라 바로가 깬즉 꿈이라 아침에 그의 마음이 번민하여 사람을 보내어 애굽의 점술가와 현인들을 모두 불러 그들에게 그의 꿈을 말하였으나 그것을 바로에게 해석하는 자가 없었더라(창세기 41:1~8)

바로가 답답해하는데 술 맡은 시종이 그제야 이태 전 감옥에서 자기 꿈을 풀어주던 요셉이 생각난 거야. 그가 바로에게 요셉을 추천하자, 요셉은 이태 만에 감옥에서 바깥세상으로 나왔지. 바로가 그에게 말했어. "내가 한 꿈을 꾸었으나 그것을 해석하는 자가 없더니 들은즉 너는 꿈을 들으면 능히 푼다 하더라."

요셉이 대답했지. "내가 아니라 하나님께서 바로에게 편한 대답을 하시리이다."

이 대목을 『공동번역성서』는 이렇게 옮겼구나. "저에게 무슨 그런 힘이 있겠습니까? 폐하께 복된 말씀을 일러주실 이는 하느님뿐이십니다."

바로의 꿈은 말하자면 흉몽이었어. 그런데 요셉은 그 흉몽을 통해서 하나님이 복된 말씀을 일러주신다고 대답하는구나. 하나님께서 하시는 모든 일이 결국에 가서는 복된 열매를 맺는다는 요셉의 놀라운 신앙고백이지.

바로가 요셉에게 꿈 이야기를 들려주자 요셉이 어렵지 않게 그 꿈을 풀어주는데, 간추려 말하면 다음과 같아.

"폐하께서 꾸신 두 가지 꿈은 결국 같은 내용입니다. 앞으로 7년 동안 애굽 온 땅에 풍년이 들 것입니다. 그 뒤에 이어서 7년 동안 무서운 흉년이 들어 언제 풍년이 들었더냐 싶게 온 백성이 굶주릴 것입니다. 그러니 슬기로운 통치자를 세우시어 풍년이 들 동안 곡식을 거두어들였다가 흉년에 대비하시는 게 좋겠습니다."

바로가 들어보니 해몽이 기가 막히거든. 신하들에게 말하기를, "이와 같이 하나님의 영에 감동된 사람을 우리가 어찌 찾을 수 있으리요" 하고는 요셉에게 부탁하는구나. "너와 같이 명철하고 지혜 있는 자가 없도다. …… 내 백성이 다 네 명령에 복종하리니 …… 내가 너를 애굽 온 땅의 총리가 되게 하노라."

세상에 벼락출세라는 말이 있긴 하지만 요셉이야말로 하루아침에 죄수에서 총리대신으로 진짜 벼락출세를 했지 뭐냐. 그러나 잊지 말아라. 겉으로는 하루아침의 벼락출세로 보이지만 그 뒤에는 남모르는 고통과 기다림의 오랜 세월이 감추어져 있었다는 사실을.

요셉의 마지막 실수

~~드디어 요셉은 애굽이라는 큰 나라의 모든 중요한 일을 맡아서 처리하는 실권자가 되었지. 바로가 요셉에게 한 말을 들어보렴.

"나는 바로라. 애굽 온 땅에서 네 허락 없이는 수족을 놀릴 자가 없으리라."

좀 과장된 표현이긴 하지만 그만큼 막대한 권한을 요셉에게 준다는 말이겠지. 게다가 바로는 요셉에게 사브낫바네아라는 새 이름을 내리고 온이라는 곳의 제사장 보디베라의 딸 아스낫과 결혼시켜 주었어. 새 이름과 아내까지 얻은 요셉은 바로 다음가는 자리에 앉아 말 그대로 애굽 온 땅의 통치자가 되었단다. 한때 그를 종으로 부리던 친위대장 보디발도 이제는 요셉 앞에서 허리를 꺾어야 했겠지.

아버지 심부름으로 형들을 만나러 갔다가 죽을 고비를 넘기며 노예로 팔려와 갖은 고생을 다 겪은 끝에 드디어 애굽의 총리대신 자리에 앉았을 때 요셉의 나이는 삼십 세였어. 젊은 나이에 그만하면 대단한 출세를 한 셈이지.

그러나 요셉은 교만하게 거들먹거리거나 이전에 자기를 괴롭혔던 사람들을 찾아 앙갚음을 하지 않았어. 그런 일은 생각도 하지 않고, 역시 전에도 그랬듯이 자기에게 주어진 일을 성실하게 할 뿐이었어.

요셉이 애굽 왕 바로 앞에 설 때에 삼십 세라 그가 바로 앞을 떠나 애굽 온 땅을 순찰하니 일곱 해 풍년에 토지 소출이 심히 많은지라 요셉이 애굽 땅에 있는 그 칠 년 곡물을 거두어 각 성에 저장하되 각 성읍 주위의 밭의 곡물을 그 성읍 중에 쌓아 두매 쌓아둔 곡식이 바다 모래 같이 심히 많아 세기를 그쳤으니 그 수가 한이 없음이었더라 (창세기 41:46~49)

새로운 통치자가 된 요셉은 곧 전 국토를 순찰하며 도시마다 거대한 창고를 짓고 거기에다가 근처 밭에서 난 곡식을 쌓아두게 했어.

해마다 풍년이 들어 백성들은 곡식이 남아도니까 요셉이 시키는 대로 곡식을 가져다가 창고에 쌓았겠지. 농촌에서 생산된 곡식을 도시의 창고에 쌓았는데, 곡물을 바닷가 모래처럼 쌓았다는구나. 요셉의 지혜가 아니었더라면, 먹고 남아 그냥 버리거나 썩어 없어졌을 곡물이 고스란히 내일을 위한 양식으로 저장되었던 거야.

이걸 보면 그때 이미 애굽에 상당한 저장 기술이 발달되어 있었음을 알 수 있는데 하긴 놀랄 일도 아니지. 그들이 쌓은 피라미드는 아직도 신비로운 건축물로 남아 있어서 현대인에게 '이해할 수 없는 일들' 가운데 하나 아니냐? 해인사에 가면 팔만대장경을 보관한 장경각이라는 서고(書庫)가 있는데 요즘 사람들의 건축 기술로는 따라갈 수 없을 만큼 잘 돼 있다는구나.

아무튼 요셉은 풍년이 드는 칠 년 동안 열심히 곡식을 거두어들였어. 그 사이에 아들을 둘 낳았지. 므낫세와 에브라임이 그 두 아들이야.

자, 그렇게 흥청거리던 칠 년 세월이 흐르자 드디어 무서운 흉년이 들기 시작하는구나. 성경의 그 대목을 읽어보자.

애굽 땅에 일곱 해 풍년이 그치고 요셉의 말과 같이 일곱 해 흉년이 들기 시작하매 각국에는 기근이 있으나 애굽 온 땅에는 먹을 것이 있더니 애굽 온 땅이 굶주리매 백성이 바로에게 부르짖어 양식을 구하는지라 바로가 애굽 모든 백성에게 이르되 요셉에게 가서 그가 너희에게 이르는 대로 하라 하니라 온 지면에 기근이 있으매 요셉이 모든 창고를 열고 애굽 백성에게 팔새 애굽 땅에 기근이 심하며 각국 백성도 양식을 사려고 애굽으로 들어와 요셉에게 이르렀으니 기근이 온 세상에 심함이었더라(창세기 41:53~57)

한마디로 말해, 요셉의 지혜로운 꿈풀이로 말미암아 굶어서 죽을 수밖에 없었던 애굽 백성과 온 세상 사람들이 살아남게 되었다는 얘기야. 그런데 사람이 하는 일이란 게 어쩔 수 없이 양지가 있으면 음지가 있듯이 요셉의 일 처리에도 그늘이 있구나. 말하자면 요셉이 뜻밖의 잘못을 저질렀다는 얘기지.

요셉의 실수라는 게 뭔고 하니, 풍년이 들었을 때 그냥 '거두어들였던' (창세기 41:48) 곡식을 흉년이 들자 돈 받고 '팔았다' (41:56)는 바로 그 점이야.

값없이 거두었던 것이니 줄 때에도 값없이 주었어야 하는데, 그것이 하나님의 법에 어울리는 것일 텐데, 돈을 받고 팔았으니 아차 하는 사이에 요셉은 애굽 온 땅을 백성의 손에서 바로의 손으로 '소유권 이전'을 시키고 말았구나.

어디 땅만 넘기고 그것으로 끝났더냐? 나중에는 백성 스스로 바로의 노예가 되었어!

 이게 웬 일이냐? 무서운 흉년에서 살아남은 건 좋았는데 그 대가로 땅과 몸뚱이까지 바치게 되었으니 안타깝구나. 이것이 어리석은 인간들의 역사라는 것일까?

 저마다 자기 땅에서 농사짓던 이들이 칠 년 기근을 넘기는 동안 모두 바로의 소작인으로 바뀌고 말았는데 그 일을 그렇게 꾸민 사람이 바로 요셉이었다는 얘기야. 애굽의 자작농이 어떻게 해서 바로의 소작농으로 되고 나아가 노예로까지 전락하는지를 성경은 꽤 자세하게 기록으로 남겨 놓았구나. 조금 긴 듯하다만 그 대목을 읽어보기로 하자. 중요하고 가슴 아픈 이야기니까.

> 기근이 더욱 심하여 사방에 먹을 것이 없고 애굽 땅과 가나안 땅이 기근으로 황폐하니 요셉이 곡식을 팔아 애굽 땅과 가나안 땅에 있는 돈을 모두 거두어들이고 그 돈을 바로의 궁으로 가져가니 애굽 땅과 가나안 땅에 돈이 떨어진지라 애굽 백성이 다 요셉에게 와서 이르되 돈이 떨어졌사오니 우리에게 먹을 거리를 주소서 어찌 주 앞에 죽으리이까 요셉이 이르되 너희의 가축을 내라 돈이 떨어졌은즉 내가 너희의 가축과 바꾸어 주리라 그들이 그들의 가축을 요셉에게 끌어오는지라 요셉이 그 말과 양 떼와 소 떼와 나귀를 받고 그들에게 먹을 것을 주되 곧 그 모든 가축과 바꾸어서 그 해 동안에 먹을 것을 그들에게 주니라 그 해가 다 가고 새 해가 되매 무리가 요셉에게 와서 그에게 말하되 우리가 주께 숨기지 아니하나이다 우리의 돈이 다하였고 우리의 가축 떼가 주께로 돌아갔사오니 주께 낼 것이 아

다시 부둥켜안은 형제들 191

무 것도 남지 아니하고 우리의 몸과 토지뿐이라 우리가 어찌 우리의 토지와 함께 주의 목전에 죽으리이까 우리 몸과 우리 토지를 먹을 것을 주고 사소서 우리가 토지와 함께 바로의 종이 되리니 우리에게 종자를 주시면 우리가 살고 죽지 아니하며 토지도 황폐하게 되지 아니하리이다 그러므로 요셉이 애굽의 모든 토지를 다 사서 바로에게 바치니 애굽의 모든 사람들이 기근에 시달려 각기 토지를 팔았음이라 땅이 바로의 소유가 되니라 요셉이 애굽 땅 이 끝에서 저 끝까지 백성을 성읍들에 옮겼으나 제사장들의 토지는 사지 아니하였으니 제사장들은 바로에게서 녹을 받음이라 바로가 주는 녹을 먹으므로 그들이 토지를 팔지 않음이었더라 요셉이 백성에게 이르되 오늘 내가 바로를 위하여 너희 몸과 너희 토지를 샀노라 여기 종자가 있으니 너희는 그 땅에 뿌리라 추수의 오분의 일을 바로에게 상납하고 오분의 사는 너희가 가져서 토지의 종자로도 삼고 너희의 양식으로도 삼고 너희 가족과 어린 아이의 양식으로도 삼으라 그들이 이르되 주께서 우리를 살리셨사오니 우리가 주께 은혜를 입고 바로의 종이 되겠나이다 요셉이 애굽 토지법을 세우매 그 오분의 일이 바로에게 상납되나 제사장의 토지는 바로의 소유가 되지 아니하여 오늘날까지 이르니라(창세기 47:13~26)

자, 읽고 난 소감이 어떠냐? 한쪽에서는 수많은 사람이 곤경에 빠져 괴로워하는데 다른 쪽에서는 소수인 무리가 오히려 기름진 배를 더욱 불리는구나. 하늘에서 비가 내리지 않아 가뭄이 드는 것은 사람의 힘으로 어떻게 할 수 없는 일이지. 그런 일을 천재지변이라고 하는데 천재지변을 당할 때에는 모든 사람이 함께 그 어려움을 나눠 겪으며 함께 이겨나가려고 애를 써야 하지 않겠니? 그런데도, 기근 탓에 누구는 땅 잃고, 가축 잃고, 나중에는 자기 몸뚱이까지 잃는데 누구는 오히려 기근 덕에 돈 벌고, 땅 벌고, 엄청난 부를 쌓는다면 세상에 그런 어처구니없는 일이 어디 있겠니? 그런데 글쎄 그런 일이 벌어졌구나. 영리한 요셉의 계획에 따라서.

게다가 어리석은 대중은 자기네를 무일푼 노예로 전락시킨 요셉에게 '주'라는 호칭과 함께 고맙다는 인사까지 바치는 거야.

더욱 기가 막힐 일은 이런 현상이 이른바 문명 세계라는 오늘날의 세상에도 일어나고 있다는 사실이야. 멀리 다른 나라를 내다볼 것도 없이 가까운 우리나라 역사만 봐도, 한국전쟁(6·25) 뒤에 폐허가 된 국토에서 우리 민족은 참으로 배가 고팠단다. 그때 미국에서 많은 원조 물자가 왔어. 우리는 그걸 받아먹으면서 미국이 우리를 살려준다고 고마워했지. 마치 옛날 제 땅과 제 몸뚱이를 값으로 내고 곡식을 사서 먹으면서도 요셉에게 "주께서 우리를 살리셨나이다" 하고 고마워하던 애굽 사람들처럼! 한국전쟁이 미국이나 소련 같은 이른바 '은인국(恩人國)'들만 없었더라면 일어나지 않았을 것이라는 사실(진실)을 까맣게 모르고 말이다.

요셉은, 일부러 나쁜 맘 먹고 그런 것은 아니겠지만, 애굽 백성을 바로의 소작인이자 노예로 전락시키고 애굽 온 땅을 바로의 사유지로 만든 엄청난 잘못을 저질렀구나.

어쩌다가 그렇게 됐을까? 성냥개비가 남을 태우려면 먼저 자신을 태워야 하듯이, 이런 엄청난 타락도 요셉 자신의 타락으로 말미암았다고 본다면 아무래도 그 힌트를 창세기 41장 46절에서 찾을 수 있지 않을까 생각해.

"요셉이 애굽 왕 바로 앞에 설 때에……."

그래, 요셉은 오직 하나님 한 분 앞에만 섰어야 하는 거야. 바로 앞에 섰다는 말은 바로를 섬겼다는 뜻이지. 하나님 아닌 바로를 섬겼다는 것, 그것이 요셉의 치명적인 실수라는 얘기지.

형들을 만난 요셉

자, 이제 요셉 이야기를 정리해야겠구나. 아버지의 치우친 사랑 때문에 형들한테 미움을 사서 먼 남의 나라 애굽으로 팔려 간 요셉은 거듭되는 역경을 무릅쓰고 마침내 그 나라 최고의 행정가로 출세하여 온 백성을 기근에서 구해냈지.

물론, 요셉도 사람인지라 마지막에 가서 뜻하지 아니한 실수를 저질렀지만 사실 당시엔 아무도 그의 잘못을 눈치 채지 못했어. 우리는 요셉이라는 한 족장의 이야기를 읽으면서 그에게서 배워 본받을 만한 것은 본받고 버릴 것은 버리는 성숙한 자세를 갖추어야 해.

말머리를 돌려 그 뒷얘기를 알아보도록 하자.

무서운 가뭄은 애굽 땅뿐만 아니라 요셉의 아버지와 형들이 사는 가나안 땅에도 들었어. 온 세상이 기근에 휩싸였다고 성경은 기록했구나.

가뭄 때문에 먹을 것이 없게 된 야곱은 애굽에 곡식이 있다는 소문을 듣고 아들들에게 말했지.

"너희는 어찌하여 서로 바라보고만 있느냐. 내가 들은즉 저 애굽에 곡식이 있다 하니 너희는 그리로 가서 거기서 우리를 위하여 사오라. 그러면 우리가 살고 죽지 아니하리라." 그래서 야곱의 열 아들이 곡식을 사러 애굽으로 떠나는 거야. 막내아들인 베냐민은 요셉을 낳는 라헬의 자식이었으니까 열두 형제 가운데 요셉과 같은 배에서 태어난 유일한 아들이었지.

그 베냐민은 애굽으로 곡식을 사러 가지 않았어. 아버지인 야곱이 막내아들에게 무슨 탈이 생길 것을 두려워하여 집에 붙잡아 두었거든. 나머지 열 아들이 애굽에 이르렀을 때, 요셉은 곡식을 파는 책임자로 높은 자리에 앉아 있었지. 요셉의 형들이 요셉에게 절을 했어. 일찍이 어린 요셉이 꿈꾸었던 그대로 된 거야.

요셉은 짐짓 형들을 모른 척하고 그늘에게 곡식을 파는 대신 오히려 애굽의 허점을 살피러 온 간첩이라는 누명을 씌웠어. 그는 형들의 진심을 알아보는 한편 고향에 남아 있는 아우와 아버지를 보고 싶었지. 그래서 말하자면 각본을 짰다고 할까? 고향에 있다는 막내를 데리고 오면 몰라도 그러지 못하면 틀림없는 간첩이라고 을러메고는 인질로 시므온 한 사람을 남겨두고 돌려보냈어. 그러는 과정에서 요셉은 형들이 옛날에 자기를 팔아넘긴 일을 뉘우치고 후회하는 것을 보았지.

시므온을 인질로 남겨둔 나머지 아홉 형제는 고향으로 돌아와 시므온이 인질로 잡힌 까닭을 아버지에게 말씀드렸어.

야곱은 막내아들 베냐민을 데리고 가지 않으면 시므온을 다시 보기 어렵다는 말을 듣고 한숨을 쉬었지.

"너희가 나에게 내 자식을 잃게 하도다. 요셉도 없어졌고 시므온도 없어졌거늘 베냐민을 또 빼앗아 가고자 하니 이는 다 나를 해롭게 함이로다."

다시 부둥켜안은 형제들 195

그러나 르우벤이 이렇게 말했어.

"내가 그를 아버지께로 데리고 오지 아니하거든 내 두 아들을 죽이소서. 그를 내 손에 맡기소서. 내가 그를 아버지께로 데리고 돌아오리이다."

말은 이렇게 했지만 그 뜻은 자기 목숨을 바쳐서라도 막내아우 베냐민을 무사히 데려오겠다는 것이었지. 어쩌면 르우벤은 요셉을 살려내지 못한 자신의 실책을 두 번 다시 되풀이하지 않겠다는 각오를 다졌는지도 모르겠구나.

야곱은 처음에는 막무가내로 베냐민을 보낼 수 없다고 고집을 부렸지만 기근이 계속되어 양식이 떨어지자 어쩔 수 없이 막내아들 베냐민을 딸려 다시 아들들을 애굽으로 보냈어. 유다가 자기 목숨을 걸고 베냐민을 데려오겠다고 맹세했지. 옛날 요셉을 팔아먹던 때와 얼마나 달라진 모습이냐?

요셉은 형들이 데리고 온 베냐민을 보자 그만 가슴이 터질 것만 같았어. 그래서 허둥지둥 자기 방으로 들어가 한바탕 울고 나서 다시 얼굴을 씻고 나타나 그들에게 푸짐한 음식상을 차려냈지.

그런 다음 집안 청지기에게 시켰어.

"양식을 각자의 자루에 운반할 수 있을 만큼 채우고 각자의 돈을 그 자루에 넣고 또 내 잔 곧 은잔을 그 청년의 자루 아귀에 넣고 그 양식 값 돈도 함께 넣으라."

그러면서 자기가 쓰는 은잔을 내어 준 거야. 청지기는 시키는 대로 했지.

형제들이 베냐민과 인질로 잡혀 있던 시므온까지 데리고 고향으로 돌아가는데 갑자기 요셉의 청지기들이 호통을 치는구나.

"너희가 어찌하여 선을 악으로 갚느냐. 이것은 내 주인이 가지고 마시며 늘 점치는 데에 쓰는 것이 아니냐. 너희가 이같이 하니 악하도다."

꼼짝없이 요셉의 함정에 빠져든 거야. 물론, 형제들은 술잔을 훔치지 않았으니까 그럴 리 없다고 했지. 그러면서 누구든지 술잔 훔친 걸 들키면 그를 노예로 삼겠다는 청지기의 말에 그러라고 했어. 그런데 하필이면 베냐민의 자루에서 요셉의 은잔이 나오는구나.

요셉의 청지기가 베냐민을 잡아 요셉이 기다리는 도시로 돌아가자 다른 형들도 나귀를 몰아 그 도시로 되돌아갔어.

베냐민을 두고 자기네만 집으로 갈 수는 없었거든.

다시 부둥켜안은 형제들

요셉은 형들이 돌아올 줄 알았으므로 계속 자리를 지키고 있었어. 성경의 그 대목을 함께 읽어보기로 하자.

> 유다와 그의 형제들이 요셉의 집에 이르니 요셉이 아직 그 곳에 있는지라 그의 앞에서 땅에 엎드리니 요셉이 그들에게 이르되 너희가 어찌하여 이런 일을 행하였느냐 나 같은 사람이 점을 잘 치는 줄을 너희는 알지 못하였느냐 유다가 말하되 우리가 내 주께 무슨 말을 하오리이까 무슨 설명을 하오리이까 우리가 어떻게 우리의 정직함을 나타내리이까 하나님이 종들의 죄악을 찾아내셨으니 우리와 이 잔이 발견된 자가 다 내 주의 노예가

되겠나이다 요셉이 이르되 내가 결코 그리하지 아니하리라 잔이 그 손에서 발견된 자만 내 종이 되고 너희는 평안히 너희 아버지께로 도로 올라갈 것이니라(창세기 44:14~17)

막내 베냐민만 남겨두고 돌아들 가라는 거였어. 사실 여기서 요셉은 속에 없는 말을 했던 거지. 왜 그랬을까? 형들의 속을 떠보려는 것이었겠지. 베냐민을 떨구고 돌아가라고 했을 때 그들이 어떻게 나오는지, 할 수 없다면서 돌아가는지 아니면 어떻게 해서든지 데리고 가려고 애원을 하는지, 알아보고 싶었던 거야. 만일 형들이 막내를 포기한다면 옛날 자기를 팔아먹던 때와 별로 달라지지 않은 셈이지.

사실 이 순간 요셉의 마음은 굉장히 조마조마했을 거야. 형들의 달라진 모습을 보고 싶은데, 그렇기만 하다면 옛날 자기에게 저지른 모든 잘못을 시원하게 용서하고 그동안 맺힌 응어리를 풀어버릴 수 있을 텐데…….

형들은 과연 달라졌을까? 아우를 미워하여 죽이려고까지 했던 그 마음을 이제는 버렸을까? 죽이려던 아우를 먼 나라에 종으로 팔아먹고 아버지를 태연하게 속이던 그 못된 마음을 이제는 버렸을까? 너는 너, 나는 나라는 생각으로 아우에게 벌어지는 사건을 강 건너 불구경하듯 바라만 보던 그 비뚤어진 삶의 태도를 이제는 고쳤을까? 요셉은 형들이 과연 미움과 탐욕과 눈먼 이기심에서 '출애굽'을 했는지 그게 몹시 궁금했던 거야. 그런데 얼마나 고마운 일이냐? 유다가 나서서 대답을 하는데 한 마디 한 마디가 그대로 요셉의 마음을 울리는구나.

유다가 그에게 가까이 가서 이르되 내 주여 원하건대 당신의 종에게 내 주의 귀에 한 말씀을 아뢰게 하소서 주의 종에게 노하지 마소서 ……이전에 내 주께서 종들에게 물으시되 너희는 아버지가 있느냐 아우가 있느냐 하시기에 우리가 내 주께 아뢰되 우리에게 아버지가 있으니 노인이요 또 그가 노년에 얻은 아들 청년이 있으니 그의 형은 죽고(자기가 죽었다는 말을 들을 때 요셉의 마음은 어땠을까?—인용자) 그의 어머니가 남긴 것은 그뿐이므로 그의 아버지가 그를 사랑하나이다 하였더니 주께서 또 종들에게 이르시되 그를 내게로 데리고 내려와서 내가 그를 보게 하라 하시기로 우리가 내 주께 말씀드리기를 그 아이는 그의 아버지를 떠나지 못할지니 떠나면 그의 아버시가 죽겠나이다 주께서 또 주의 종들에게 말씀하시되 너희 막내아우가 너희와 함께 내려오지 아니하면 너희가 다시 내 얼굴을 보지 못하리라 하시기로 우리가 주의 종 우리 아버지에게로 도로 올라가서 내 주의 말씀을 그에게 아뢰었나이다 …… 주의 종 우리 아버지가 우리에게 이르되 너희도 알거니와 내 아내가 내게 두 아들을 낳았으나 하나는 내게서 나갔으므로 내가 말하기를 틀림없이 찢겨 죽었다 하고 내가 지금까지 그를 보지 못하거늘 너희가 이 아이도 내게서 데려 가려하니 만일 재해가 그 몸에 미치면 나의 흰 머리를 슬퍼하며 스올로 내려가게 하리라 하니 아버지의 생명과 아이의 생명이 서로 하나로 묶여 있거늘 이제 내가 주의 종 우리 아버지에게 돌아갈 때에 아이가 우리와 함께 가지 아니하면 아버지가 아이의 없음을 보고 죽으리니 이같이 되면 종들이 주의 종 우리 아버지가 흰 머리로 슬퍼하며 스올로 내려가게 함이니이다(창세기 44:18~31)

유다는 이렇게 말하고 나서 "이제 주의 종으로 그 아이를 대신하여 머물러 있어 내 주의 종이 되게 하시고 그 아이는 그의 형제들과 함께 올려 보내소서. 그 아이가 나와 함께 가지 아니하면 내가 어찌 내 아버지에게로 올라갈 수 있으리이까. 두렵건대 재해가 내 아버지에게 미침을 보리이다."(창세기 44:33~34) 하고 밝혔어.

자기를 노예로 팔아먹던 형들이 아우 대신 자신을 종으로 삼으라는 말을 하자 요셉은 그만 솟구쳐 오르는 눈물을 막을 수 없었구나. 그 자리에 있던 애굽인 시종들을 모두 내보낸 다음, "나는 요셉이라. 내 아버지께서 아직 살아 계시니이까" 하며 울음을 터뜨리는데 어찌나 큰 소리로 울었는지 애굽의 모든 사람이 듣고 바로의 궁중에까지 그 울음소리가 들렸다는 것 아니냐?

바로는 요셉의 형제들이 왔다는 말을 듣고 나서 요셉에게 애굽에서 가장 좋은 땅을 줄 터이니 아버지와 형제들을, 요즘 말로, 이민시키라고 했지. 그래서 야곱 일가는 애굽 고센 땅에 자리 잡고 살게 되었던 거야.

그런데 가장 기름진 땅을 내어주고 친절하게 굴었던 그 바로가 (물론 사람은 바뀌었지만) 이스라엘 민족의 씨를 말리려고 사내아이를 죽이라는 무서운 명령을 내리는 바로로 바뀌었으니, 과연 사람의 선(善)이란 무엇이고 악(惡)이란 무엇일까?

열세 번째 강의

야곱의 길, 이스라엘의 길

야곱과 에서는 어머니 뱃속에서부터 싸웠다고 했는데 그들은 왜 싸웠을까? 무엇이 그들로 하여금 어머니 뱃속에서부터 다투게 만들었을까?

⚜

　　자, 이제 요셉 이야기를 일단 마쳤으니 그 윗대인 야곱 이야기로 올라가 살펴볼 차례구나. 우선 야곱 이야기 하면 무엇이 생각나는지 들어보기로 하자.

　팥죽? 그래, 야곱이 팥죽 한 그릇으로 장자권(長子權)을 샀다는 얘기는 유명하지. 또 무엇이 있냐? 사다리? 야곱의 사다리는 옛날부터 성경만화에 빼놓지 않고 실렸지. 야곱이 외가로 피난 가다가 꿈에 하늘까지 닿아 있는 사다리를 보고 거기서 하나님을 뵈었다는 것 아니냐? 야곱이 천사와 씨름한 얘기도 널리 알려져 있지.

　이스라엘 사람들에게 야곱은 특별히 중요한 조상이었어. 그의 운명을 잘 살펴보면 이스라엘 민족의 운명과 아주 비슷하거든. 이스라엘 민족은 온갖 불리한 현실에서 인내와 슬기로 그 모든 난관을 무릅쓰고 마침내 크게 성공하여 어린 나이에 떠났던 고향으로 돌아오는 야곱의 모습에 커다란 희망과 용기를 얻으며 자기네 현실의 고난을 이겨나갔단다. 그러니까 야곱 이야기는 그들에게 다른 이야기가 아니라 바로 '우리 민족의 이야기'로 남아 입에서 입으로 전해져 내려왔던 거야. 맨 나중에 가서 야곱이 이스라엘이라는 새 이름을 얻게 되는 것만 봐도 이스라엘 민족이 야곱을 자기네 민족과 동일시하는 정도가 어느 만큼 갔는지 알 수 있지 않니? 야곱이 이스라엘이니까 야곱의 경험은 그대로 이스라엘의 경험이요, 야곱의 승리는 곧장 이스라엘의 승리로 되는 거야.

뱃속부터 다툰 쌍둥이 형제

　　　　　이런 점을 염두에 두고 이제부터 야곱 이야기를 대충 살펴보기로 하자. 한 가지만 더 일러둘 것이 있는데 성경, 특히 창세기의 다른 모든 이야기가 그랬듯이 야곱 이야기도 야곱이 살았던 시대에 바로 기록된 것이 아니라 훨씬 뒷날에, 그러니까 적어도 수백 년이라는 세월이 흐른 뒤에 기록되었다는 사실을 기억해둘 필요가 있어. 이야기가 주인공이 살았던 때부터 문자로 기록될 때까지 오랜 세월을 입에서 입으로 전해져 내려왔다는 얘기야. 그런 시대를 구전 시대(口傳時代)라고 하는데, 문제는 이야기가 구전되는 동안 수많은 사람에 의해서 이렇게 저렇게 바뀌기도 하고 덧붙여지기도 하고 반대로 빠지기도 하고 그랬다는 거지. 그러는 과정에서 후대 사람들은 그 이야기 속에다가 자기네 꿈을 담을 수도 있지 않겠니? 바로 그것이 '이야기'의 속성이고 이야기의 생명력이란다. 그렇게 해서 이야기는 싱싱하게 살아가는 거야. 물론 주인공의 진짜 삶과는 좀 다른 모습이 그려질 수도 있다. 그러나 현재 세상을 살아가는 사람들에게는 야곱이라는 한 인물의 과거 행적보다, 이야기 속에서, 다시 말하면 자신들의 현장 속에서, 살아 움직이며 뭐라고 말해주는 야곱이 더 소중했던 거야.

야곱 이야기는 쌍둥이 형인 에서 이야기와 처음부터 연결돼 있고 이야기의 화려한 결말도 에서와 연결되는데 이 이야기가 기록될 무렵에 이스라엘은 에돔족이라는 사막의 부족하고 연속되는 긴장과 갈등을 경험하면서 살고 있었다는 사실을 염두에 둘 때, 이 이야기를 자손에게 들려주던 이스라엘 사람들이 무슨 꿈과 무슨 신념을 품고 있었는지 심작할 만할 게야. 에돔 부족은 에서의 자손이었거든. 그러니까 한마디로 간추려 이스라엘은 야곱의 이야기를 후손에게 들려주면서, 지방 우리하고 긴장 관계에 있는 에돔은 에서의 자손인데 에서는 우리 선조인 야곱에게 장자권도 빼앗기고 아버지의 축복도 빼앗긴 어리석고 불행한 사람이라는 생각을 심어주는 거야. 그래서 결국은 야곱의 후손인 우리에게 고개를 숙이고 우리를 섬기게 돼 있다는 거지.

그런데 야곱 이야기는 그렇게 일방으로 한쪽이 승리하고 한쪽이 패배하는 게 아니라 양쪽이 화해하여 잘 산다는 매우 평화적인 결말을 내리기도 한단다. 어째서 한 이야기 속에 이토록 상반된 '꿈'이 들어 있는 걸까? 그것은 이렇게 설명할 수 있겠지. 에돔과 평화롭게 공존공생하기를 바라는 사람들은 야곱 이야기의 결말을 에서와 평화스럽게 화해하는 것으로 마쳤을 것이고, 에돔을 물리치고 굴복시킬 상대(적수)로만 생각하는 사람들은 에서에 대한 야곱의 일방적인 승리를 강조했을 것이라고.

어느 나라 어느 민족이든 이렇게 서로 생각이 다른 사람들이 함께 살 게끔 세상은 그렇게 돼 있단다. 그런데 누가 호전적이고 누가 평화적일까? 다니엘 베리간(Daniel Berrigan)이라는 미국인 신부가 베트남의 승려인 틱낫한하고 대담하면서 이런 말을 했더구나. 자기가 서아시아의 분쟁 지역을 여행하면서 양쪽 진영(이스라엘과 아랍)의 여론을 널리 들어봤는데 놀랍게도 양쪽 다 보수적인 신앙을 가진 사람들과 정치인들은 무기를 더 많이 생산하고 전쟁이라는 수단을 써서라도 상대를 물리쳐야 한다고 생각하는데, 가난한 밑바닥 사람들은 반대로 이제 그만 싸우고 평화롭게 살았으면 좋겠다고, 무기와 전쟁을 반대한다고 그러더라는 거야. 이런 이야기를 하면서 베리간 신부는 도대체 종교가 인류 평화에 도움이 되는지 방해가 되는지 모르겠다고 한숨을 짓더구나. 그분은 베트남 전쟁을 반대하다가 감옥에까지 갔던 천주교 신부란다.

야곱과 에서가 어머니 태 안에 있을 때부터 다투었다고 성경은 기록했는데, 호전적인 사람들은 '다투었다'는 말에 힘을 주어서 읽고 평화를 희망하는 사람들은 그 둘이 '형제'였다는 말에 힘을 주어 읽었겠지.

무엇이 그들을 다투게 했는가?

◢ 자, 그러면 어머니 뱃속에서 다투었다는 쌍둥이 이야기를 성경에서 찾아 읽어보기로 하자.

이삭은 사십 세에 리브가를 맞이하여 아내를 삼았으니 리브가는 밧단 아람의 아람 족속 중 브두엘의 딸이요 아람 족속 중 라반의 누이였더라 이삭이 그의 아내가 임신하지 못하므로 그를 위하여 여호와께 간구하매 여호와께서 그의 간구를 들으셨으므로 그의 아내 리브가가 임신하였더니 그 아들들이 그의 태 속에서 서로 싸우는지라 그가 이르되 이럴 경우에는 내가 어찌할꼬 하고 가서 여호와께 묻자온대 여호와께서 그에게 이르시되 두 국민이 네 태중에 있구나 두 민족이 네 복 중에서부터 나누이리라 이 족속이 저 족속보다 강하겠고 큰 자가 어린 자를 섬기리라 하셨더라 그 해산 기한이 찬즉 태에 쌍둥이가 있었는데 먼저 나온 자는 붉고 전신이 털옷 같아서 이름을 에서라 하였고 후에 나온 아우는 손으로 에서의 발꿈치를 잡았으므로 그 이름을 야곱이라 하였으며 리브가가 그들을 낳을 때에 이삭이 육십 세였더라 그 아이들이 장성하매 에서는 익숙한 사냥꾼이었으므로 들사람이 되고 야곱은 조용한 사람이었으므로 장막에 거주하니 이삭은 에서가 사냥한 고기를 좋아하므로 그를 사랑하고 리브가는 야곱을 사랑하였더라(창세기 25:20~28)

이야기의 요점을 정리하면 다음과 같다.

▫ 야곱과 에서는 쌍둥이였다.
▫ 둘은 뱃속에서부터 싸웠다.
▫ 에서가 먼저 나오고 야곱은 그의 발꿈치를 잡고 나왔다.
▫ 뱃속에서는 에서가 이겼지만 세상에 나온 다음에는 거꾸로 아우를 섬기게 되었다.

- ▫ 에서는 강자였고 야곱은 약자였다.(사냥/집안 살림)
- ▫ 집안의 강자(기득권자)인 아버지는 에서(기득권자)를 사랑했다.
- ▫ 집안의 약자(소외자)인 어머니는 야곱(소외자)을 사랑했다.

지난번에 말했듯이 이 이야기 속에는 처음부터 남의 땅에서 더부살이를 해야 했던 약소민족 이스라엘이 사방을 에워싼, 강한(기득권을 소유한) 종족들 틈에서 살아남기 위해 필요했던 '믿음'과 '용기'의 내용이 담겨 있어. 하나님은 약한 자를 편들어 강한 자를 부끄럽게 하신다는 믿음, 주변의 강한 종족들이 지금은 우리를 괴롭히지만 언제고 우리 앞에 무릎을 꿇게 된다는 믿음, 이런 믿음에서 그들은 용기를 얻어 현실의 난관을 뚫고 나갔던 거야.

그러나 이렇게 한쪽이 한쪽에게 일방으로 무릎을 꿇는 것이 올바르고 항구적인 해결책일 수 없다는 사실을 잘 아는 슬기로운 민중은 '싸움질'로 시작된 형제의 이야기를 기적 같은 '화해'로 마감했구나! 여기서 우리는 야곱 이야기의 진짜 메시지라 할까 교훈이라 할까, 그 핵심을 찾아내야 해.

하나님을 우주의 한 분이신 아버지로 모실 때 이 땅의 사람들 사이에서 벌어지는 모든 싸움은 결국 형제 사이의 싸움일 수밖에 없지 않겠니? 모든 인간이 한 사람 아담의 후예니까. 그렇다면 형제로 하여금 서로 싸우게 한 것이 '무엇'인지, 그리고 '어떻게 하면' 그 싸움을 마감하고 평화로이 더불어 살아갈 수 있을지, 바로 이것을 야곱 이야기는 우리에게 말해준다고 볼 수 있겠지.

그러면, 처음부터 이야기를 더듬어 살피면서 우리가 얻어야 할 답을 찾아보기로 하자. 우선, 야곱과 에서는 어머니 뱃속에서부터 싸웠다고 했는데 그들은 왜 싸웠을까? 무엇이 그들로 하여금 어머니 뱃속에서부터 다투게 만들었을까?

이 질문에 대한 답이 본문에 따로 적혀 있지는 않지만, 야곱이 에서의 발꿈치를 잡고 나왔다는 얘기는 그들이 서로 먼저 태어나려고 다투었다는 얘기가 되지 않겠니? 누가 형이 되느냐, 요컨대 이것을 가지고 서로 다투었다는 건데, 도대체 그것이 뭐 그리 대단한 것이라고 어머니 뱃속에서부터 싸워야 했을까?

그것은 당시 사회가 엄격한 가부장제 사회였다는 사실을 생각하면 쉽게 이해할 수 있어. 무슨 말인고 하니, 온 집안의 권세가 단 한 사람 가장에게 독점되었다는 얘기야. 그리고 그 가장의 권리는 오직 맏아들에서 맏아들로 이어졌지. 이 제도는 아직도 남아 있어서 딸보다 아들, 아들 가운데서도 맏아들을 소중하게 여기는 풍습을 볼 수 있지 않니? 요즘은 세계가 급속하게 바뀌면서 가부장제도 많이 무너지고 있다만, 얼마 전에만 해도 철옹성처럼 단단하게 유지되었단다. 그러니 지금으로부터 삼천 년도 더 오래 전 애긴데 얼마나 심했겠어? 집안의 모든 권리가 오직 맏아들한테서 맏아들한테로만 이어졌고, 그 바람에 딸은 말할 것조차 없고 아들도 둘째 이하는 속된 말로 별 볼일 없는 신세였구나. 그러니 뱃속에서라도 다툴 일 아니었겠니?

다시 말하면 '가부장제'라는 인간의 제도가 나름대로 좋은 기능을 지니기도 했겠지만, 사람이 하는 일에는 반드시 기능과 함께 역기능이 있게 마련인지라, 두 형제를 어머니 뱃속에서부터 다투게끔 만들었다는 그런 얘기가 되는구나.

붉은 팥죽과 장자권

～"좋은 것일수록 나누라"는 아메리카 원주민의 격언이 있단다. 하나님은 우리에게 좋은 것일수록 어느 누구도 독차지할 수 없게끔 그렇게 만드셨어. 가장 흔하게 만드셨단 얘기야. 사람이 살아가는 데 금(金)하고 물하고 어떤 게 더 필요하지? 그야 물론 물이지. 금덩어리는 없어도 살 수 있지만 물이 없으면 살아갈 수 없으니까.

그래서 하나님은 금보다 물을 더 흔하게 만드신 거야. 금덩이야 누가 혼자서 가지고 있다 해도 사람이 살아가는 데 별로 문제 되지 않지만(물론 요즘같이 돈이 중심되는 경제 사회에서는 다른 얘기가 되겠지만) 물을 만일 누가 독차지한다면 그야말로 큰일 아니겠니? 그래서 슬기로운 아메리카 원주민들은 "좋은 것일수록 나누라"는 가르침을 자손들에게 물려주었던 거야. 그게 곧 자연의 길(道)이요, 하나님의 뜻이거든.

무릇 제도란 인간들이 살아가기 위해서 그때그때 만드는 것이란다. 그러니까 제도를 위해서 사람이 있는 게 아니라 사람을 위해서 제도가 있는 거야. 그런데 가끔 이 둘의 위치가 서로 바뀔 경우가 있구나. 제도가 사람에게 봉사하는 게 아니라 오히려 사람이 제도의 노예로 되는 거지. 게다가 앞에서도 말했지만 인간이 만든 제도는 어떤 기능을 하는 동시에 그에

맞먹는 역기능을 하게 되는 법이야.

　가부장제도 집안의 질서를 잡고 여러 가지 일을 해나가는 데 매우 효율적인 것은 사실이지만, 그 반면에 모든 권력을 한 사람이 틀어잡는 단점, 곧 역기능이 있단다. 독재자가 나라의 힘을 한 손에 잡고 고속도로를 닦는다든가 도시를 건설하는 일에 누구보다도 큰 업적을 남길 수 있는 것과 같지. 그러나 독재자가 그렇게 큰 힘을 부리려면 얼마나 많은 사람이 소외되야만 하는지 생각해보렴. 그래서 독재를 좋은 것이라고 할 수 없는 거야. 게다가 어느 집단의 운명을 한 사람의 손에 맡긴다는 것이 얼마나 위험한 일이냐?

　가부장제는 집안의 힘을 가상이 독점하기 때문에 어쩔 수 없이 모든 여자를 포함하여 가족의 대다수를 소외시키는 제도지. 그런 제도가 수천 년 동안 인류 사회에 지속되어왔다는 사실 자체가 놀랍기만 하구나. 야곱이 쌍둥이 형과 어머니 뱃속에서부터 다툰 데는 바로 이 가부장 제도에 그 까닭이 있다고 볼 수 있지 않을까? 세상에 태어나 살면서 소외당하기를 바라는 사람은 없을 테니까.

　이삭에서 에서로 이어지는 끈은 가장한테서 가장한테로 이어지는 끈이었어. 그러니까 그것을 일컬어 기득권자의 연대(連帶)라고나 할까? 그런데 이쪽에는 어머니와 야곱이 다른 끈을 잇고 있거든. 소외된 자(여자)와 소외된 자(둘째아들)의 연대라고 볼 수 있겠지. 이렇게 해서 가부장제로 말미암은 구조적인 갈등이 집안에 발생하는 거야. 야곱 이야기는 결국 이 구조적인 갈등(싸움)을 누가 어떻게 풀어가는지, 그것을 보여주는 아름다운 이야기로 우리에게 다가오는구나.

말머리를 돌려, 이제부터 성경 기자(記者)와 함께 약자이자 소외당한 자인 야곱의 처지에서 이야기의 전개를 따라가 보기로 하자.

> 야곱이 죽을 쑤었더니 에서가 들에서 돌아와서 심히 피곤하여 야곱에게 이르되 내가 피곤하니 그 붉은 것을 내가 먹게 하라 한지라 그러므로 에서의 별명은 에돔(발음이 붉다는 뜻인 히브리어 '아돔'과 비슷함―인용자)이더라 야곱이 이르되 형의 장자의 명분을 오늘 내게 팔라 에서가 이르되 내가 죽게 되었으니 이 장자의 명분이 내게 무엇이 유익하리요 야곱이 이르되 오늘 내게 맹세하라 에서가 맹세하고 장자의 명분을 야곱에게 판지라 야곱이 떡과 팥죽을 에서에게 주매 에서가 먹으며 마시고 일어나 갔으니 에서가 장자의 명분을 가볍게 여김이었더라(창세기 25:29~34)

팥죽 한 그릇으로 형의 장자권(長子權)을 샀다는 얘긴데, 물론 그랬다 해서 당장 야곱이 형으로 된 것은 아니었지. 그렇다면 이 이야기의 의미는 무엇일까?

어쩌면 이 이야기는 뒤에 벌어질 진짜 큰 사건(아우가 형에게 돌아갈 몫을 가로채는)을 미리 합리화하는 구실을 떠맡은 것인지 모르겠구나. 야곱이 아버지와 형을 함께 속여 에서가 받아야 할, 법에 따라서 그렇게 되어 있는 축복을 모조리 가로채게 되는데 그게 다 지금 이 순간 부엌에서 저지른, 어리석은 에서의 실수가 자초한 것이라는, 따라서 이미 그렇게 결정돼 있었던 불가피한 사건이라는 얘길 하는 거지. 아울러 이 토막 이야기 속에는 자신의 불운(不運)을 지혜로써 풀어가는 이스라엘의 모습과 힘은 강하지만 어리석은 탓에 기득권조차 지키지 못하는 에돔의 모습이 의도적으로 부각되어 있다고 볼 수 있겠구나. 이야기를 들으면서 유대 소년 소녀들은 이렇게 생각했겠지.

'힘센 자들과 상대하여 이기는 방법은 주먹보다 머리를 쓰는 거야. 머리 없는 주먹은 아무것도 아니거든.'

'어리석은 자는 눈에 보이는 작은 것 때문에 보이지 않는 큰 것을 놓치고 말지. 몇 푼 이익보다 태산 같은 신용이 훨씬 더 소중한 재산인 줄을 모르는 거야.'

약자들의 '대반란'

드디어 이삭이 늙어 세상을 떠날 때가 되었구나. 가장의 자리를 넘겨줄 때가 되었던 거지. 그래서 하루는 맏아들 에서를 불러 이렇게 말했어.

"내가 이제 늙어 어느 날 죽을는지 알지 못하니 그런즉…… 나를 위하여 사냥하여 내가 즐기는 별미를 만들어 내게로 가져와서 먹게 하여 내가 죽기 전에 내 마음껏 네게 축복하게 하라."

그런데 그때 이삭은 눈이 멀어서 앞을 보지 못하는 상태였다는 얘기야. 사람이 늙으면 몸도 굳어지고 눈도 어두워지는 게 당연한 일이지만, 여기서 이삭이 늙어 눈이 멀었다는 얘기는 한 개인의 노화 현상을 말하는 것만은 아니라는 생각이 드는구나. 거기에 무슨 상징적 의미가 담겨 있지 않을까 한다. 늙어서 눈이 먼 이삭, 그는 바로 단단한 화석처럼 굳어져 있는 제도, 그래서 보아야 할 것을 제대로 보지 못하는 가부장제의 모습을 상징하는 게 아닐까?

어쨌거나, 그가 에서에게 축복을 약속하는 것을 몰래 엿들은 사람이 있었다는 얘긴데 그게 누군고 하니 이삭의 아내이자 쌍둥이의 어머니인 리브가였지. 리브가는 에서가 사냥을 나간 사이에 야곱을 불러 속삭였어.

"네 형이 사냥을 해다가 별미를 만들어 드리면 아버지가 복을 빌어준다고 하셨는데 얼른 염소 두 마리만 잡아오너라. 그것을 아버지 입맛에 맞도록 요리해줄 테니 갖다드리고 형 대신 축복을 받도록 하여라." 대충 이런 내용이었지.

야곱이 "그건 아버지를 속이는 일인데 만일 들통이 나면 축복은커녕 저주를 받게 되지 않겠느냐"며 망설이자 어머니는 "네가 받을 저주는 내가 받으마. 너는 내가 하라는 대로 어서 가서 염소 새끼나 끌어 오너라" 하고 등을 밀었어.

이렇게 해서 가부장제로 말미암아 따돌림을 받는 식구인 어머니(여자)와 둘째아들이 손을 잡고 엄청난 일을 꾸미게 된 거야. 그것이야말로 약자들의 '대반란'이었다고 할 수 있겠구나.

야곱은 어머니가 시킨 대로, 형의 옷은 물론 목덜미와 손목에 털가죽을 입고서 말하자면 에서로 변장까지 하고는 아버지에게 복을 빌어달라고 했지. 눈먼 아버지와 가짜 맏아들 사이에 대화가 이루어지는데 대충 이런 얘기였어.

"네가 누구냐?"

"에서입니다."

"사냥을 참 빨리도 했구나?"

"하나님께서 짐승을 쉽게 만나도록 해주셨습니다."

거짓말은 거짓말을 낳고, 드디어 대담무쌍하게 하나님까지 끌어들인 거야. 이삭이 손으로 아들의 목덜미와 손목을 만져보고 나서 이렇게 말했지.

"목소리는 야곱인데 손은 에서로구나? 네가 틀림없는 에서냐?"

"예, 그렇습니다."

"사냥한 것을 가져오너라."

드디어 요리를 맛있게 든 이삭이 에서로 변장한 야곱에게 빌어줄 수 있는 모든 복을 남김없이 빌어주는구나. 남김없이 말이다. 둘째는 염두에도 없다는 듯이……

이렇게 해서 아버지의 축복이 끝났을 때, 형에게 돌아갈 복을 아우가 모두 가로채고 사라진 뒤에, 에서는 사냥에서 돌아와 별미를 만들어가지고 아버지에게 갔어. (물론 요리는 어머니가 했겠지. 시치미 뚝 떼고!)

"말씀하신 대로 사냥을 해다가 별미를 만들어 왔습니다. 복을 빌어주십시오."

이삭은 깜짝 놀랐지.

"네가 누구냐?"

"에서입니다."

"방금 내가 너에게 복을 빌어주지 않았느냐?"

"예?"

"누군가가 벌써 사냥해다가 만든 요리를 가져왔다. 네가 오기 전에 나는 그 요리를 받아 배부르게 먹고 그에게 이미 복을 빌어주었다. 그 복은 어쩔 수 없이 그의 것이다."

이 말에 에서는 그만 울음을 터뜨렸어.

"아버지, 저에게도 복을 빌어주십시오!"

"네 아우가 나를 속이고 네가 받을 복을 가로챘구나."

에서는 이를 갈았지.

"이놈이 나를 두 번이나 발로 차다니! 지난번에는 상속권을 빼앗더니 이번에는 내가 받을 복까지 가로채는구나."

아버지도 속은 것을 알았지만 이미 엎질러진 물인데 어쩔 것이냐?

"저에게 주실 복은 하나도 남겨두지 않으셨단 말입니까?"

에서는 물에 빠져 지푸라기라도 잡는 심정으로 말했지만 소용이 없었어.

"어쩔 수 없다. 너는 야곱을 섬겨야 한다. 에서야, 이제 와서 내가 무엇을 해줄 수 있겠느냐?"

만일 이삭이 둘째아들을 위하여 맏아들에게 빌어줄 복의 일부만이라도 남겨두었더라면 지금 그것이 에서의 몫으로 돌아갈 수 있었을 터인데, 어쩌면 단 한마디 축복도 남겨두지 않고 몽땅 맏아들한테만 쏟아부었더란 말이냐? 그것이 눈먼 가부장제로서는 이치에 맞는(창세기 27:37) 일인지 모르겠으나, 하나님의 법에는 어긋나는 짓이었음을 이삭은 몰랐던 거지.

두 자매를 아내로 삼다

　　　　　　🖎 사람이 살아가는 데 제도라는 것이 없을 수도 없지만, 어떤 제도가 굳어졌을 경우 그 때문에 사람들이 입게 되는 상처는 치명적일 수도 있단다.

　에서는 야곱이 자기의 복을 훔쳐 갔다고 생각하여 그를 죽이기로 마음먹었어. 형이 아우를 죽이려고 한 거야. 생각하면, 이 지상에서 일어나는 모든 살인 사건이 결국은 형제간에 서로 죽이고 죽는 비극이지.

　우리 기독교는 하나님 아버지를 믿는 종교 아니냐? 하나님 아버지를 믿는다는 것은 모든 사람이 한 분이신 아버지를 모신다는 말이니까 결국 기독교의 신앙고백에 따르면 땅 위에 사는 모든 인간이 형제자매가 되는 거야. 마침 어제 신문을 보니 팔레스타인해방기구(PLO)와 이스라엘이 삼십 년 가까이 계속된 적대 관계를 청산하고자 서로 상대를 인정하는 외교 문서에 서명을 했더라. 누가 형이고 누가 아우인지는 모르겠으나 아무튼 형과 아우 사이에 이제 더는 전쟁을 하거나 테러를 하지 말고 평화스럽게 공존하자는 뜻이 모인 것이니 온 인류가 함께 기뻐할 일이 아닐 수 없구나. 제발 이 협정이 계속 유지되어 서아시아 지역에 평화 나무가 우뚝 자랐으면 좋겠다만 앞으로 또 어찌 될는지 누가 알겠니? 아무튼 인류는 알고 보면 모두가 한 형제인 거야.

　그런데 시방 에서는 아우인 야곱을 죽이려고 하는구나. 성경에서 그 대목을 읽어보기로 하자.

그의 아버지가 야곱에게 축복한 그 축복으로 말미암아 에서가 야곱을 미워하여 심중에 이르기를 아버지를 곡할 때가 가까웠은즉 내가 내 아우 야곱을 죽이리라 하였더니 맏아들 에서의 이 말이 리브가에게 들리매 이에 사람을 보내어 작은 아들 야곱을 불러 그에게 이르되 네 형 에서가 너를 죽여 그 한을 풀려 하니 내 아들아 내 말을 따라 일어나 하란으로 가서 내 오라버니 라반에게로 피신하여 네 형의 노가 풀리기까지 몇 날 동안 그와 함께 거주하라 네 형의 분노가 풀려 네가 자기에게 행한 것을 잊어버리거든 내가 곧 사람을 보내어 너를 거기서 불러오리라 어찌 하루에 너희 둘을 잃으랴 (창세기 27:41~45)

이 마지막 구절이 가슴을 짠하게 하지 않니? "어찌 하루에 너희 둘을 잃으랴." 이것이 바로 어머니의 마음이란다. 만일 형이 아우를 죽인다면 죽은 것은 아우만이 아니라 아우를 죽인 형도 어머니 눈에는 죽은 것이라는 그런 얘기야. 우리가 이 땅에서 전쟁을 하고 사람이 사람을 함부로 죽일 때, 많이 죽인 사람이 훈장을 탈 때, 그것이 하나님 어머니의 가슴에 얼마나 큰 아픔과 슬픔을 안겨주는 일이겠니? ('하나님 어머니'라고 해서 이상하게 생각할 것 하나도 없어. 하나님 아버지란 말은 그분이 '남자'라는 것이 아니니까 어머니라고 불러도 상관없단다. 아버지라는 말 속에는 어머니라는 말이 처음부터 포함되어 있는 거니까. 어머니 없는 아버지는 아버지 없는 어머니처럼 존재할 수가 없거든.)

리브가는 마침내 남편의 허락을 얻어 야곱을 자기 친정인 하란으로 보내는 데 성공했지. 형의 복을 가로챈 대가로 야곱은 정든 집과 부모의 품을 떠나 낯선 외가 동네를 향해 길을 떠나야 했구나. 그런데 한곳에 이르러 돌베개를 베고 잠을 자다가 꿈에 하나님을 뵙게 된 거야. 땅에서 하늘까지 닿은 층계가 있는데 그 층계를 오르내리는 천사들을 보고 있자니 갑자기 하나님이 그의 옆에 나타나 이렇게 말씀하였어.

"나는 여호와니 너의 조부 아브라함의 하나님이요 이삭의 하나님이라. …… 내가 너와 함께 있어 네가 어디로 가든지 너를 지키며 너를 이끌어 이 땅으로 돌아오게 할지라. 내가 네게 허락한 것을 다 이루기까지 너를 떠나지 아니하리라."

하나님을 뵙고 새롭게 용기를 얻은 야곱은 그 자리에 제단을 쌓고는 두려움에 사로잡혀 외쳤지.

"이것은 다름 아닌 하나님의 집이요 이는 하늘의 문이로다."

그 장소가 나중에 벧엘이 된 거야. 벧엘이라는 이름은 '하나님의 집'이라는 뜻이란다.

야곱은 계속 길을 걸어 마침내 외가 동네인 하란에 이르렀어. 그곳에는 외삼촌인 라반이 살고 있었지.

라반에게는 딸이 둘 있었는데 그 이름은 라헬(아우)과 레아(언니)였어. 결국 이 두 딸이 모두 야곱의 아내가 되는데, 두 자매가 한 남자의 아내로 되는 게 요즘 세상에서는 이상한 일이지만 그때 그곳에서는 하나도 이상할 게 없는 일이었단다. 풍습이라는 게 본디 그래. 때와 장소에 따라서 얼마든지 다를 수 있는 게 풍습이거든.

야곱은 둘째딸인 라헬한테 반해서 외삼촌에게 칠 년 동안 삯을 받지 않고 일해줄 테니 라헬과 혼인시켜달라고 했어. 외삼촌은 "그를 네게 주는 것이 타인에게 주는 것보다 나으니"라면서 허락을 했고, 그때부터 야곱에게는 칠 년이라는 세월이 '며칠밖에 안 되듯' 빨리 지나갔지.

드디어 혼인식을 치르고 첫날밤을 지내는데 그만 문제가 생겼어. 자고 나서 보니 신부가 라헬의 언니인 레아로 바뀌어 있는 거야. 야곱은 외삼촌에게 따졌지. "이럴 수가 있습니까? 신부를 바꿔치기하다니요!" 그러자 외삼촌 라반이 말했어. "우리 집안에서는 동생을 언니보다 먼저 시집보내는 일이 없어서 그랬다. 네가 꼭 라헬에게 장가들고 싶다면 이레 뒤에 다시 혼인을 맺도록 해주마. 그 대신 칠 년 더 일해주어야 한다. 어떠냐?"

야곱이 좋다고 했지. 그래서 십사 년간 삯도 받지 않고 일을 해준 대가로 두 자매를 아내로 삼게 된 거야.

남의 땅에서 부자가 된 야곱

야곱은 외삼촌 밑에서 십사 년 동안 열심히 일했어. 하나님께서 야곱의 손이 가는 일마다 축복해주셔서 보잘것없던 라반의 재산이 크게 불어났지. 십사 년 동안 야곱은 가축의 수만 불어나게 한 게 아니라 아들도 열하나를 낳았구나. 두 아내와 두 아내의 몸종까지 해서 모두 네 여자가 마치 아들 낳기 경주라도 하듯 자식을 낳은 거야.

요즘처럼 아들 딸 가리지 말고 하나만 낳아서 잘 기르자는 세상에서는 쉽게 이해되지 않는 일이지만, 그때에는 자식이, 그것도 아들이 많으면 많을수록 좋았거든. 여자는 시집을 가서 무조건 그 집안에 아들을 낳아주어야 했단다. 아들을 낳지 못하면 쫓겨나는 시절이었으니까. 아들을 낳으면 그걸로 일단 어머니는 자기 위치를 찾고 안심을 했던 거야. 아무튼, 야곱은 라반의 일을 해주던 십사 년 사이에 두 아내와 그 아내의 두 몸종한테서 열한 아들을 낳았어.

> 야곱의 아들은 열둘이라 레아의 아들들은 야곱의 장자 르우벤과 그 다음 시므온과 레위와 유다와 잇사갈과 스불론이요 라헬의 아들들은 요셉과 베냐민이며 라헬의 여종 빌하의 아들들은 단과 납달리요 레아의 여종 실바의 아들들은 갓과 아셀이니 이들은 야곱의 아들들이요 밧난아람에서 그에게 낳은 자더라(창세기 35:23~26)

막내이자 열두째 아들인 베냐민은 야곱이 하란을 떠나 벧엘에 정착할 무렵에 낳았으니까 위의 명단에서 그 이름이 빠졌어야 앞뒤가 맞겠지만, 뭐 그리 중요한 건 아니니 이쯤 해두고, 야곱이 외삼촌 땅에서 큰 부자가 되는 이야기로 돌아가자.

십사 년 동안, 그러니까 계약 기간 동안 열심히 일해서 외삼촌의 재산을 많이 불어나게 해준 야곱은 이제 자기의 실속을 챙겨야겠다고 생각했어. 그래서 열한 번째 아들인 요셉을 낳은 다음 장인에게 고향으로 돌아가겠다고 얘기했지. 그러나 장인은 그를 놓아 보내려고 하지 않았어. 야곱 덕분에 자기가 부자로 된 것을 잘 알고 있었거든. 그래서 이제부터는 삯을 줄 테니 계속 일해달라고 부탁하는 거야.

　야곱은 기다렸다는 듯, 삯을 따로 받지는 않겠고 그 대신 양이나 염소가 새끼를 낳을 때 얼룩지고 점이 있는 놈이 나오면 그것들만 자기에게 달라고 했지. 다시 계약이 맺어졌고 야곱은 매우 나쁜 조건에서 자신의 '사업'을 시작하게 되었어. 라반이 얼룩진 양과 염소를 모조리 빼돌려 자기 아들들에게 주고 나서, 사흘 길이나 되는 먼 곳에 따로 목장을 마련하고 거기에서 야곱으로 하여금 가축을 치게 했거든. 말하자면 종자(種子)까지 다 빼앗고 내쫓은 셈이지.

　그러나 야곱은 아무 불평도 하지 않고 라반의 가축을 끌고 나와서 먹이기 시작했어. 그런데 그에게는 역경을 헤쳐나가는 '지혜'가 있었더구나! 바야흐로 야곱은 그 지혜를 써먹기 시작했지. 건강한 양이나 염소가 새끼를 배려고 짝짓기를 할 때에 나뭇가지의 껍질을 벗겨 얼룩지게 만들어가지고는 짐승들이 잘 볼 수 있는 곳에다가 놔두는 거야. 얼룩얼룩한 것을 보면서 짝짓기를 하니 새끼들이 얼룩빼기가 되어서 나왔지. 게다가 건강한 짐승이 짝짓기를 할 때에는 얼룩진 나무를 보여주고 병약한 것들한테는 안 보여주고, 그러다보니 약한 새끼는 모두 라반의 것이 되고 튼튼한 것들은 모두 야곱의 것이 되었구나. 마침내 야곱은 아주 큰 부자가 되었어.

　남의 땅에서 폭력이나 속임수를 쓰지 않고, 오히려 그곳의 법과 질서를 이용하여 큰 재산을 모은 야곱! 이것이 바로 이스라엘 민족의 자화상이라고 봐도 좋을 게다. 오늘 전 세계의 유수한 재산가가 유대인이라는 사실은 우연이라고 볼 수 없어. 거기에는 그럴 만한 이유가 있는 거야.

어쩌면 유대인들은 낯선 땅에서 더부살이를 하며 큰 재산가로 성장한 야곱의 지혜와 수단을 그대로 물려받아 지금도 세계 곳곳에 흩어져 살면서 엄청난 재산을 모으고 있는지도 모르겠구나. 하긴, 언제 쫓겨날는지 알 수 없는 불안한 상황에서 그들이 스스로 찾아낸 안전책이라는 게 많은 재산을 모아두는 것이리라는 점은 쉽게 이해될 수 있을 게다.

한국 사람은 돈을 벌면 땅을 사는데 유대인들은 보석을 사둔다는구나. 자기 땅에서 쫓겨나본 적이 없는 우리는 '땅'이 가장 믿음직한 재산일 수 있지만 처음부터 남의 땅에서 더부살이를 해야만 했던 유대인들한테는 땅이란 믿을 수 없는 재산이요(언제 빼앗길는지 모르니까), 부피가 작아서 지니고 다니기 쉬운 보석이야말로 가장 믿을 수 있는 재산 아니겠니?

그런데 낯선 땅에서 안정을 얻고자 벌어들인 재산이 오히려 그곳 토박이들한테서 미움을 사는 꼬투리가 되었으니, 라반의 아들들이 수군거리기 시작한 거야.

"야곱이 우리 아버지의 소유를 다 빼앗고 우리 아버지의 소유로 말미암아 이 모든 재물을 모았다."(창세기 31:1)

목을 끌어안고 입을 맞추며

야곱으로서는 불안한 남의 땅에서 좀더 안전하게 살아보고자 열심히 재산을 모은 것이었는데 오히려 그것이 화근으로 된 셈이지. 그러나 바로 그 '화근' 때문에 야곱은 그리던 고향으로 돌아가게 되는구나. 그래서 인생사 새옹지마(塞翁之馬)라고 하는가보다만.

외사촌들뿐 아니라 외삼촌인 장인의 눈초리까지 달라진 것을 알게 된 야곱은 이번 기회에 고향으로 돌아가리라 결심을 했어. 두 아내도 동의했지.

> 그 모은 바 모든 가축과 모든 소유물 곧 그가 밧단아람에서 모은 가축을 이끌고 가나안 땅에 있는 그의 아버지 이삭에게로 가려 할새(창세기 31:18)

고향에서 떠날 때에 그랬듯이 야곱은 고향으로 돌아갈 때에도, 몰래 도망치듯이 길을 떠나는구나. 이렇게 야곱이 하란을 떠난 지 사흘 뒤에야 라반은 그가 도망친 줄을 알고 서둘러 야곱을 따라잡았지만, 그를 붙들어 끌고 올 명분이 없었고 결국 석상(石像)을 하나 세워서 두 부족 사이에 서로 침범하지 않는다는 조약을 맺고는 돌아올 수밖에 없었지.

자, 이렇게 해서 야곱은 타향살이 스무 해만에 부자가 되어 고향으로 돌아가는구나. 그렇지만 야곱의 마음은 결코 가볍지 않았어. 자기를 죽이려던 무서운 형 에서가 거기에 버티고 있었거든. 에서와 얽힌 문제를 풀지 않으면 스무 해만에 그리던 고향으로 돌아가는 일이 오히려 커다란 불행을 안겨다줄 수도 있다는 사실을 그는 잘 알았지. 어떻게 해서든지 뒤틀려 있을 형의 마음을 풀어주어야 한다고, 그래야 내가 처자를 데리고 평안하게 살아갈 수 있다고, 야곱은 그렇게 생각했어. 형의 마음에 평화를 안겨주는 것이 곧 자기의 삶에 평화를 심는 것이라는 사실을 영리한 야곱은 꿰뚫어 보았던 거야.

생각건대, 시방 두 동강 나 있는 우리 민족의 경우도 이와 비슷하구나. 저 북쪽에 있는 형제들의 삶이 불안하면 그것은 곧 남쪽에 있는 우리의 불안이고 저들이 행복하면 그것은 곧 우리의 행복이야. 왜 그럴까? 에서와 야곱이 떨어질 수 없는 한 형제였듯이 우리 또한 끝내 남남으로는 살아갈 수 없는 한 핏줄이기 때문이지.

앞세워 보냈던 하인들이 돌아와서 "우리가 주인의 형 에서에게 이른즉 그가 사백 명을 거느리고 주인을 만나려고 오더이다" 하고 알리자 야곱은 겁이 덜컥 나서 일행과 가축 떼를 두 패로 나누어 어느 한쪽이 죽임을 당하더라도 한쪽은 건져볼 궁리를 한 다음, 하나님께 기도를 드렸어. 급할 때 사람이 할 일이 기도밖에 더 있겠니'?

"내 조부 아브라함의 하나님, 내 아버지 이삭의 하나님 여호와여 주께서 전에 내게 명하시기를 네 고향, 네 족속에게로 돌아가라 내가 네게 은혜를 베풀리라 하셨나이다. 나는 주께서 주의 종에게 베푸신 모든 은총과 모든 진실하심을 조금도 감당할 수 없사오나 …… 내가 주께 간구하오니 내 형의 손에서, 에서의 손에서 나를 건져내시옵소서"(창세기 32:9~11)

그런 다음에 야곱은 형에게 보낼 선물로 가축 수백 마리를 골라 네 패로 나누어 따로따로 길을 떠나보내면서, 에서를 만나거든 "주의 종 야곱의 것이요 자기 주 에서에게로 보내는 예물이오며 야곱도 우리 뒤에 있나이다" 하고 말하게 시켰지. 에서의 마음을 푸짐한 선물로 녹여보려는 심산이었어. 야곱으로서는 우선 그 밖에 다른 수가 없었겠지.

선발대를 보내고 나서 얍복이라는 나루를 건너는데 캄캄한 밤이었구나. 식구들과 하인을 모두 앞에 보내고 야곱 혼자서 얍복 나루에 뒤떨어져 있자니까 갑자기 웬 사람이 나타나 씨름을 걸어오지 않겠니? 야곱은 그와 맞붙어 씨름을 했지. 씨름을 하다가 상대가 치는 바람에 환도뼈가 부러졌지만 야곱은 그를 놓아주지 않았어. 먼동이 트자 그가 "이제 그만 나를 놓으라"고 말했지만 야곱은 "당신이 나를 복 빌어주지 않으면 놓아드릴 수 없다"고 떼를 썼지. 그러자 그가 야곱에게 물었어.

"네 이름이 무엇이냐?"

"야곱입니다."

"너는 하나님과 겨루어냈고 사람과도 겨루어 이겼다. 그러니 이제부터 너의 이름은 이스라엘이다!"

'이스라엘'이란 말의 뜻은 하나님과 겨루어 이긴다는 것인데 나중에 '하나님이 이기신다' 또는 '하나님이 다스리신다'는 뜻으로 해석되기도 했지.

이 얍복 나루의 경험이 의미하는 바는 무엇일까?

야곱과 에서 사이 곧 인간과 인간 사이에 얽힌 매듭은 주고받는 재물 따위로는 풀 수 없는 것이요, 먼저 하나님과 얽힌 문제부터 풀어야 해결될 수 있다는, 그런 메시지를 담고 있는 건 아닐까?

에서를 만나기 전에 야곱은 환도뼈가 부러지는 아픔을 참고 견디며 하나님과 밤새도록 씨름을 하는구나! 그리하여 하나님과 사람을 이겨내고, 마침내 두려움의 대상이던 형 에서가 야곱을 만나 "안고 목을 어긋맞추어 그와 입맞추고 서로 우는"(창세기 33:4) 감격스런 장면을 연출하고 마는구나! 이 장면 하나를 그리려고 우리는 어머니 뱃속에서부터 다툰 형제의 이야기를 지금까지 더듬어왔는지 모르겠다.

열네 번째 강의

내가 보여줄 땅으로 가거라

언제나 무슨 일이나 하나님의 뜻을 앞에 모시고 그대로
따를 것! 이것이 하나님과 동행하는 사람의 기본자세야.
하나님 앞에, 사람 뒤에! 알겠지?

❧

이제 드디어 아브라함 이야기를 살펴볼 차례가 되었구나! 단군 할아버지가 우리 민족의 조상으로 알려져 있듯이 아브라함은 이스라엘 민족의 조상으로 알려져 있는 사람이지. 그에게는 또 '믿음의 조상'이라는 별명이 있단다. 아브라함이야말로 사람이 하나님을 믿는다는 게 어떤 것인지를 보여주는 모범이라는 얘기야.

모세의 '출애굽'으로 시작했던 우리의 '탈출 신학 이야기'를 일단 아브라함 이야기로 마감해야겠구나. 창세기 1장에서 11장 9절까지는 인간의 역사 속에서 사람과 만나시는 하나님보다는 역사 이전 시대의 하나님과 인간의 관계, 또는 인간과 자연의 관계를 다룬다고 볼 수 있고, 따라서 이번 '대탈출(Exodus)'을 주제로 삼아 살펴보는 구약 이야기의 범위에서 제외하는 게 좋겠구나. 따라서 천지창조부터 바벨탑이 무너져 사람들이 사방으로 흩어지는 대목까지는 다음 기회에 읽어보도록 하자.

아브라함과 가나안

　　　　　　　　✍︎ 자, 그럼 다시 아브라함 이야기로 돌아가서 우선 성경에는 아브라함의 아버지 데라의 이름이 기록되어 있는데(창세기 11:31) 어째서 데라가 아닌 그 아들 아브라함이 이스라엘의 '조상'이 되었을까, 그 까닭을 생각해볼 필요가 있지 않겠니? 조상이라고 하면 마땅히 맨 꼭대기 할아버지가 돼야 할 텐데, 어째서 아브라함의 아버지인 데라가 이스라엘의 조상으로 되지 않았을까?

　물론 성경은 이 물음에 대한 답을 따로 제시하지 않지만, 데라와 아브라함이 서로 어떻게 비교될 수 있는지를 암시하는 대목은 있구나. 아래 두 구절을 비교해보자.

> 데라가 아들 아브람(아브라함으로 바꾸기 전의 이름—인용자)과 하란의 아들인 그의 손자 롯과 그의 며느리 아브람의 아내 사래를 데리고 갈대아인의 우르를 떠나 가나안 땅으로 가고자 하더니 하란에 이르러 거기 거류하였으며(창세기 11:31)

> 이에 아브람이 여호와의 말씀을 따라갔고 롯도 그와 함께 갔으며 아브람이 하란을 떠날 때에 칠십오 세였더라 아브람이 그의 아내 사래와 조카 롯과 하란에서 모은 모든 소유와 얻은 사람들을 이끌고 가나안 땅으로 가려고 떠나서 마침내 가나안 땅에 들어갔더라(창세기 12:4~5)

무엇이 이 두 사람을 차이 나게 한 것일까? 바로 그 '차이' 때문에 아브라함은 아들이면서도 이스라엘의 조상이 되었고 데라는 아버지이면서도 조상이 되지 못했다고 추리할 수 있지 않겠니?

옳아. 열쇠는 '가나안'에 있었구나! 데라와 아브라함이 '가나안'을 향해 길을 떠난 것은 같았는데 데라는 중도에 발을 멈추어 하란에 자리를 잡았고 아브라함은 목적지인 가나안에 발을 들여놓았던 거야. 그 차이가 어째서 그토록 중요하냐고 묻는 사람이 있다면 그는 가나안이라는 '땅'이 이스라엘 민족에게 무엇을 의미하는지에 대하여 잘 모르기 때문에 그런 질문을 한다고 봐야겠지.

모세의 출애굽 이야기도 그렇고, 야곱과 요셉의 이야기도 그렇고, 나중의 숱한 예언자들 이야기도 그렇고, 이스라엘 민족의 이야기는 결국 가나안에서 비롯하여 가나안에서 마감된다고 볼 수 있어. 처음부터 '남의 땅'에서 더부살이를 해야만 했던 유랑민의 후손인 이스라엘에게는 가나안이야말로 생존의 터전일 뿐 아니라 모든 희망의 뿌리였던 거야. 알겠니? 가나안은 그들의 하나님이 그들에게 약속하신 땅이요, 자손만대로 발붙이고 살아야 할 삶의 터였다는 얘기야. 바로 그 가나안 땅에 발을 들여놓은 사람은 데라가 아니라 그의 아들 아브라함이었고 따라서 이스라엘의 조상은 당연히 아브라함이 되었던 거지.

이스라엘의 역사는 거듭되는 '출애굽'이었다고 언젠가 얘기한 기억이 나는구나. 하나님을 믿는 모든 사람에게도 마찬가지로 '출애굽'은 인생의 목적이며 수단이지. 하나님을 믿는다는 것은 떠나야 할 곳을 떠나서 닿아야 할 곳에 닿는 성스러운 순례거든!

되풀이하는 말이지만, '출애굽'에는 두 얼굴(면, aspect)이 있어. '……에서 떠나는 탈출(exodus from)'이 있고 '……로 가는 탈출(exodus to)'이 있지. '탈출'은 결국 이 두 얼굴이 하나로 합쳐질 때에 완성되는 거야. 모세의 '출애굽'은 애굽을 떠나는 것만으로 완성되는 게 아니라는 얘기지. 여호수아가 요르단 강을 건너 가나안 땅을 밟았을 때 비로소 '모세의 출애굽'은 완성되었어. 그런데 데라에게는 앞의 얼굴(떠나는 탈출)은 있었지만 뒤의 얼굴(이르는 탈출)이 중도에서 사라지고 만 셈 아니냐? 반면에 아브라함에게는 이 두 탈출의 얼굴이 모자람 없이 합쳐졌지. 그는 하란을 떠났고 가나안에 이르렀어.

그래서 마침내 '가나안' 없이는 살아갈 수 없는 이스라엘 민족의 조상으로 되었던 거야.

이스라엘 민족의 '대탈출'이 조상인 아브라함한테서 '이미' 완결되었다는 이야기는 시작이 곧 마침이라는 오묘한 삶의 철학을 암시하기도 하는구나. 이스라엘 민족의 삶은 조상 아브라함이 이루지 못한 미완(未完)의 무엇을 이루고자 하는 삶이 아니라 아브라함에게서 이미 완성된 삶의 경지를 회복한다고 할까, 재현한다고 할까, 그것이 바로 그들의 삶이었어.

'모세의 출애굽'은 그의 후계자인 여호수아한테서 완성되었지만 동시에 그의 조상인 아브라함한테서 이미 실현된 역사이기도 하다는 그런 얘기가 되는 거지.

믿음의 아버지

                그래, 아브라함이 이스라엘의 조상으로 된 것은 그가 하란을 떠나 마침내 가나안 땅에 발을 디딘 첫 사람이었기 때문이야(물론, 아브라함이 가나안에 살기 시작한 첫 사람이라는 얘기는 아니다. 그가 가나안에 들어갔을 때 그곳에는 이미 원주민이 살고 있었지). 그렇다면 무엇이 아브라함으로 하여금 가나안에 들어가게 할 수 있었을까?

  우선 살펴봐야 할 것은 하나님께서 아브라함에게 하란을 떠나 앞으로 당신께서 보여주실 곳으로 가라는 '명령'을 내리셨다는 사실이야. 성경을 읽어보지.

> 여호와께서 아브람에게 이르시되 너는 너의 고향과 친척과 아버지의 집을 떠나 내가 네게 보여 줄 땅으로 가라(창세기 12:1)

  이스라엘의 역사는 사람의 뜻이 아니라 하나님의 말씀(명령)으로 비롯되었어. 이 점이 매우 중요해. 이스라엘 민족은 하나님께서 아브라함을 부르시어 새로운 땅과 헤아릴 수 없는 자손을 약속하셨다는 사실을 굳게 믿었고 바로 이 '믿음'을 바탕으로 삼아 계속된 고난과 거듭되는 멸족의 위기를 극복했던 거야.

  하나님의 명령으로 생겨난 민족! 바로 이것이 이스라엘 민족의 자기 이해였단다. 여기에 그들은 누구도 앗아 갈 수 없는 엄청난 민족의 자존심을 심었던 거지. 그런데 하나님의 명령은 하나님의 약속을 수반하는구나.

> 내가 너로 큰 민족을 이루고 네게 복을 주어 네 이름을 창대하게 하리니 너는 복이 될지라 너를 축복하는 자에게는 내가 복을 내리고 너를 저주하는 자에게는 내가 저주하리니 땅의 모든 족속이 너로 말미암아 복을 얻을 것이라 하신지라(창세기 12:2~3)

하나님이 하란을 떠나라는 명령과 함께 주신 약속은 첫째, 너는 큰 민족의 조상이 될 것이다, 둘째, 내가 너에게 복을 줄 것이다, 셋째, 너는 남에게 복의 씨앗이 될 것이다(모든 족속이 너로 말미암아 복을 얻을 것이라)로 요약되지.

아브라함은 이와 같은 놀라운 명령과 약속을 받고—우리는 그것을 하나님의 부르심, 곧 '성소(聖召)'라는 말로 표현하지—즉 하나님의 부르심을 받고, 망설이는 기색도 없이 선 자리에서 그대로 따랐어. 철저하게 하나님의 명령에 순종했지. 바로 그 순명(順命)을 우리는 다른 말로 '믿음'이라고 해. 히브리서 11장은 '믿음 장(章)'이라는 이름으로 통할 만큼 믿음이 어떤 것인지를 다양하고 깊게 그리고 생생한 사례를 들어가면서 설명하는데, 참믿음의 본을 보여준 모범 인물들 가운데 아브라함이 포함되어 있음은 오히려 당연한 일이지.

> 믿음으로 아브라함은 부르심을 받았을 때에 순종하여 장래의 유업으로 받을 땅에 나아갈새 갈 바를 알지 못하고 나아갔으며(히브리서 11:8)

아브라함이 하나님의 명령을 받고 '고향과 친척과 아비의 집'을 떠난 것은 그의 나이 일흔다섯 살 때였어. 일흔다섯이면 결코 젊은 나이는 아니라고 해야겠지. 그런데 그 나이에 자리 잡고 살던 고향과 친척을 떠나는구나. 떠나라는 한마디 말씀을 듣고!

게다가 그는 떠나는 날까지도 어디로 가야 할지 목적지를 몰랐지. 그냥 떠났어. 아무런 계획도 없이, 사전 답사 따위도 물론 없이, 떠나라니까 떠나는 거야. 사람이 하나님을 믿는다는 것은 이렇게 자신의 계획이나 계산을 앞세우지 않고 오직 그분의 뜻과 계획에 자신의 삶과 죽음을 몽땅 내어 맡기는 것이란다.

살려달라고 부르짖는 게 아니라 살든지 죽든지 오직 주님의 뜻대로만 히시라고 완전히 '자기'를 내어 맡기는 그것이 바로 우리가 성서에서 찾아볼 수 있는 위대한 믿음이라는 그런 얘기야.

불가(佛家)에서 쓰는 말인데, "백척간두진일보(百尺竿頭進一步)하라"는 말이 있어. 백 척이나 되는 장대 위에서 한 발 앞으로 내어 디디라는 말인데, 인도에서는 깨달음을 얻으려고 높은 장대 꼭대기에 올라앉아 평생토록 내려오지 않고 거기서 사는 경우가 있대. 그런데 참된 깨달음에 이르려면 온몸의 힘을 다해 쌓은 고행(苦行)의 결과를 흔쾌히 버리고 허공을 향해 한 발짝 내어 딛는 그런 결단이 있어야 한다는 얘기지.

말하자면 지금 아브라함은 백척간두에서 진일보를 한 셈이야. 아직은 어디인지 알 수 없는, 앞으로 보여주리라고 약속만 되어 있는 미지(未知)의 땅을 향해, 그 불안한 내일을 향해, 아버지와 친척이 있는 고향의 보장된 삶을 버리고 훌쩍 떠나는 아브라함! 우리는 바로 그 모습에서 영원한 '믿음의 아버지'를 보게 되는구나.

아브라함은 일가를 데리고 정처 없이 길을 떠나 마침내 가나안에 이르렀어. 그런데 바로 그 가나안이 하나님께서 아브라함과 그의 후손에게 주겠노라 약속하신 땅이었다는 얘기야.

> 아브람이 그 땅을 지나 세겜 땅 모레 상수리나무에 이르니 그 때에 가나안 사람이 그 땅에 거주하였더라 여호와께서 아브람에게 나타나 이르시되 내가 이 땅을 네 자손에게 주리라 하신지라(창세기 12:6~7)

애굽으로 내려간 아브라함

아브라함이 가나안에 자리 잡고 살게 되었다는 이야기 바로 뒤에서 우리는 아주 이상한 이야기를 읽게 되는구나. 아브라함이 자기 목숨을 살리려고 아내를 다른 나라 왕에게 내어 주었다는 거야. 그 대목을 함께 읽어보기로 하자. 창세기 12장 10절에서 20절까지다.

> 그 땅에 기근이 들었으므로 아브람이 애굽에 거류하려고 그리로 내려갔으니 이는 그 땅에 기근이 심하였음이라

가나안 땅에 흉년이 들어서 아브라함(당시 이름은 아브람)이 일가를 데리고 애굽으로 옮겨 갔다는 얘기야. 당시 애굽은 기름진 나일 강 유역 덕분에 풍요로운 땅으로 소문난 곳이었어. 지금 아브라함은 먹고살기 위해

서 하나님이 마련해주신 땅 가나안을 등지고 애굽으로 내려가는 거야. 그리로 내려가라는 하나님의 명령을 받은 것은 물론 아니었지. 자기 판단으로 삶의 터를 옮기는데, 하나님은 아브라함의 그런 행동을 막지 않고 마치 현장에 계시지 않는 것처럼 그냥 보고만 계시는구나.

> 그가 애굽에 가까이 이르렀을 때에 그의 아내 사래(사라의 처음 이름―인용자)에게 말하되 내가 알기에 그대는 아리따운 여인이라 애굽 사람이 그대를 볼 때에 이르기를 이는 그의 아내라 하여 나는 죽이고 그대는 살리리니 원하건대 그대는 나의 누이라 하라 그러면 내가 그대로 말미암아 안전하고 내 목숨이 그대로 말미암아 보존되리라 하니라

낯선 남의 땅에 들어가려니까 갑자기 겁이 났던 거야. 하나님 명령을 좇아 안정된 고향집과 친척을 등지고 어딘지 알지도 못하는 곳을 향해 허공에 발 내딛듯 백척간두진일보(百尺竿頭進一步)하던 모습에 견주어 보렴. 얼마나 나약해진 모습이냐? 아브라함처럼 대단한 믿음을 지닌 사람도 하나님하고 이어지는 교통(대화)이 끊어지면 이렇게 허약한 모습의 평범한 인간으로 돌아갈 수밖에 없는 법이야. 그게 인간이거든. 이 한계 앞에서는 누구도 별수 없구나. 그래서 예수님도 틈만 나면 하나님 아버지와 은밀한 교통을 나누셨지. 지금 아브라함은 불행하게도 하나님의 명령을 좇아서가 아니라 자기의 판단에 따라서 애굽 땅에 발을 들여놓는 거야. 그러자니 파도 같은 두려움이 밀어닥쳤고, 그것을 피하려고 자기 아내를 낯선 땅 사람들에게 팔아먹으려는 잔꾀를 부리는구나.

아브라함이 아름다운 자기 아내를 누이라고 속인 것은, 애굽인들이 아내를 빼앗고 남편인 자기를 죽일 것이라고 생각했기 때문이었어. 그들이 그럴 것이라고 미리 짐작을 한 것이지. 물론 그러지 않을 가능성도 충분히 있지만 그렇게 나쁜 쪽으로만 생각한 이유는 무엇일까? '불안' 때문일 거야. 알 수 없는 미래에 대하여 위로부터 주어지는 '믿음'이 없을 때 인간은 언제나 가장 고약한 가능성을 예측하는 습성이 있거든. 집을 떠난 자녀가 돌아올 시간이 됐는데 연락조차 없을 경우 자녀한테 일어날 수 있는 온갖 나쁜 일을 연상하면서 안절부절못하는 부모의 경우가 바로 그런 경우지.

> 아브람이 애굽에 이르렀을 때에 애굽 사람들이 그 여인이 심히 아리따움을 보았고 바로의 고관들도 그를 보고 바로 앞에서 칭찬하므로 그 여인을 바로의 궁으로 이끌어들인지라 이에 바로가 그로 말미암아 아브람을 후대하므로 아브람이 양과 소와 노비와 암수 나귀와 낙타를 얻었더라

아내를 애굽 왕한테 바치고 그 대가로 많은 재물을 받았으니 이를테면 아내를 팔아먹은 셈인데, 이 사실을 두고 너무 어리둥절할 건 없어. 아브라함 시대에는 요즘과 달리, 아내를 남편과 동등한 인격으로 대하지 않고 남편의 여러 소유물 가운데 하나쯤으로 여겼거든. 그 점을 염두에 두고 보면 아브라함이 자기 아내를 애굽 왕에게 바친 것이 무슨 대단히 못 할 짓을 한 게 아니었음을 알 수 있을 게다. 그냥 남들이 하듯이 했을 뿐이야. 그런데 하나님은 그것을 그냥 두시지 않는구나.

여호와께서 아브람의 아내 사래의 일로 바로와 그 집에 큰 재앙을 내리신 지라 바로가 아브람을 불러서 이르되 네가 어찌하여 나에게 이렇게 행하였느냐 네가 어찌하여 그를 네 아내라고 내게 말하지 아니하였느냐 네가 어찌 그를 누이라고 하여 내가 그를 데려다가 아내를 삼게 하였느냐 네 아내가 여기 있으니 이제 데려가라 하고 바로가 사람들에게 그의 일을 명하매 그들이 그와 함께 그의 아내와 그의 모든 소유를 보내었더라

성경은 하나님이 왜, 어떻게 애굽 왕으로 하여금 사래를 소유하지 못하도록 하셨는지에 대하여 자세히 설명하지는 않지만, 결국 하나님은 아브라함의 실수(하나님 뜻이 아니라 자기 판단으로 행농함)에서 빚어진 모든 결과를 오히려 역이용하여 아브라함으로 하여금 기근을 면할 뿐 아니라 큰 재산을 모으게 하시는구나. 여기서 우리는 다시 한 번 확인하게 되는 거지. 하나님과 인간 사이의 관계는 그 주체가 인간이 아니라 하나님이시라는 사실을, 또한 우리는 아브라함을 위대한 믿음의 모범이라고 곧잘 얘기하지만 참으로 위대한 것은 아브라함이 아니라 하나님 바로 그분이라는 사실을.

아브람이 애굽에서 그와 그의 아내와 모든 소유와 롯과 함께 네게브로 올라가니(창세기 13:1)

역시, 아브라함이 뿌리내려 살 곳은, 그곳이 아무리 풍요로운 땅이라 하더라도, 애굽이 아니라 가나안이었어.

롯의 분가

다시 가나안 땅에 들어와 자리 잡은 아브라함과 조카 롯은 애굽에서 벌어들인 재물로 부자가 되었지만 바로 그 재물 때문에 불편한 사이가 되고 말았단다. 이상한 일이지? 쌀독에서 인심 난다고 사람이 잘살게 되면 서로 사이좋게 살 수 있을 것 같은데 그게 정반대였으니 말이야.

> 아브람이 애굽에서 그와 그의 아내와 모든 소유와 롯과 함께 네게브로 올라가니 아브람에게 가축과 은과 금이 풍부하였더라 그가 네게브에서부터 길을 떠나 벧엘에 이르며 벧엘과 아이 사이 곧 전에 장막 쳤던 곳에 이르니 그가 처음으로 제단을 쌓은 곳이라 그가 거기서 여호와의 이름을 불렀더라 아브람의 일행 롯도 양과 소와 장막이 있으므로 그 땅이 그들이 동거하기에 넉넉하지 못하였으니 이는 그들의 소유가 많아서 동거할 수 없었음이니라 그러므로 아브람의 가축의 목자와 롯의 가축의 목자가 서로 다투고 또 가나안 사람과 브리스 사람도 그 땅에 거주하였는지라(창세기 13:1~7)

양떼와 소떼를 많이 기르자니 자연 넓은 풀밭과 많은 샘물이 필요했는데 두 집안의 목자들 사이에 풀밭과 샘물 때문에 싸움이 벌어졌던 거야.
아브라함도, 롯도 모두 남의 땅에 들어가, 말하자면 그곳 토박이들 눈치를 보며 더부살이를 해야 할 처지인데 서로 사이가 좋지 못해서야 되겠니? 그래서 아브라함이 조카 롯을 불러 말했어.

> 우리는 한 친족이라 나나 너나 내 목자나 네 목자나 서로 다투게 하지 말자 네 앞에 온 땅이 있지 아니하냐 나를 떠나가라 네가 좌하면 나는 우하고 네가 우하면 나는 좌하리라(창세기 13:8~9)

이를테면 분가를 하자는 거야. 그런데 보통 생각하기에는 연장자인 아저씨가 조카에게 "너는 어디로 가서 살라"고 지시하는 게 상식일 터인데 시방 아브라함은 조카인 롯에게 살 곳을 먼저 선택하라고 하는구나. 선택권을 조카에게 넘긴 거야.

어떻게 생각하니? 아주 잘한 일이라고? 글쎄, 과연 그럴까? 그게 정말로 잘한 일이었다면, 다시 말해서 하나님 뜻에 어긋나지 않는 일이었다면 결과도 좋았을 터인데, 롯은 제 눈에 더욱 기름진 땅으로 보이는 쪽을 선택한 결과 그곳이 나중에 불바다로 되어 겨우 몸뚱이만 빠져나오는 비참한 운명에 빠지고 말았지. 이 점을 어떻게 생각하니?

아브라함이 조카인 롯에게 선택권을 내어 맡긴 것이 과연 현명한 일이었을까? 재산 때문에 서로 불편해진 사이였음을 염두에 두고 생각해보렴.

물론 아브라함이 어떤 좋지 못한 꿍꿍이속을 품고 롯을 일부러 망치게 하려고 그랬던 것이라고는 볼 수 없겠지. 그렇게까지 생각하는 것은 지나친 억지야.

그러나 젊은 조카가 욕심에 눈이 어두워 잘못된 선택을 할 수 있으리라는 것을 충분히 내다볼 만큼 경륜을 지녔을 어른이 "네가 먼저 땅을 고르라"고 말한 것은 아무래도 어른으로서 취할 현명한 태도였다고는 볼 수 없지 않겠니? 나중에 롯이 그런 비참한 일을 당하지 않고 평안하게 잘 먹고 잘 살다가 늙어서 죽었다 해도 사정은 마찬가지야. 나이 많은 아저씨한테 나쁜 땅을 주고 자기는 기름진 땅을 차지하는 바로 그 선택의 순간 롯은 이미 사람으로서 지녀야 할 인격을 상실한 것이니까. 그런데 바로 그 롯의 인격 상실이 결국은 아브라함의 아주 그럴듯한 제안에 의하여 출발한 셈이거든. 물론 그렇다고 해서 롯의 잘못이 지워지는 것은 아니지만.

그렇다면 무엇이 아브라함의 실패였을까? 우선 조카와 재산 때문에 불편한 사이가 되었다는 것 자체가 아무리 일꾼들 사이에서 벌어진 일이라 해도 잘못이었고, 분가로써 분쟁을 해결해보려는 생각 또한 잘못이었으며, 더 큰 잘못은 시방 재물 욕심에 한창 눈이 어두워져 있는 조카에게 문제 해결의 마지막 열쇠를 맡긴 것이었어. 아브라함이 그렇게 되기를 바랐든 바라지 않았든 상관없이 롯은 기름진 땅을 선택했고, 그것이 결국 그의 운명을 비극으로 치닫게 했거든.

그러면 아브라함은 어떻게 해야 했을까.

여기서도 아브라함은 하나님께 해결의 열쇠를 맡겨야 했어. 조카와 분쟁이 일어나게 된 상황을 자세히 아뢰고 그 해결 방법을 여쭤어 하나님이 일러주시는 대로 순종했더라면, 롯은 소돔이 멸망할 때 불타는 집에서 알몸으로 뛰쳐나오는 비참한 신세가 되지 않을 수도 있었겠지.

이 점을 명심할 필요가 있겠구나. 조카에게 선택권을 양보하는 아브라함의 호의처럼, 때로는 덕스럽게 보인다 해도 '인간의 뜻'에는 어쩔 수 없는 한계가 있단다. 하나님의 뜻, 하나님의 명령만이 모든 것을 참된 선으로 이끌 수 있어. 그래서 사도 바울께서도 말씀하셨지.

"하나님의 어리석음이 사람보다 지혜롭고 하나님의 약하심이 사람보다 강하니라."(고린도전서 1:25)

도시에서 산으로

자, 그럼 이번에는 '롯의 선택'에 대하여 생각해보기로 하자. 삼촌인 아브라함이, 네가 먼저 땅을 선택하라고 했을 때 롯은 기름진 땅을 선택했지. 더 좋아 보이는 땅을 늙은 아저씨에게 양보하지 않고 자기가 차지한 행위는 결코 잘한 일이라고 볼 수 없어.

그러나 세상을 둘러보면 너나 할 것 없이 정도의 차이는 있을지언정 '자기 중심의 판단과 선택'이라는 장벽을 뛰어넘어 사는 사람을 찾아보기가 그리 쉬운 일은 아니더구나. 그렇게 볼 때 롯은 오히려 평범한 대중의 자세를 대변한다고 봐야 할 게다.

이에 롯이 눈을 들어 요단 지역을 바라본즉 소알까지 온 땅에 물이 넉넉하니 여호와께서 소돔과 고모라를 멸하시기 전이었으므로 여호와의 동산 같고 애굽 땅과 같았더라 그러므로 롯이 요단 온 지역을 택하고 동으로 옮기니 그들이 서로 떠난지라 아브람은 가나안 땅에 거주하였고 롯은 그 지역의 도시들에 머무르며 그 장막을 옮겨 소돔까지 이르렀더라 소돔 사람은

여호와 앞에 악하며 큰 죄인이었더라(창세기 13:10~13)

소돔과 고모라는 불로 멸망한, 고대의 유명한 도시지. 그 도시가 있던 자리는 폐허로 되어 지금 그 흔적조차 찾을 수 없고 남은 것은 다만 비극적인 이름뿐이구나.

롯은 기름진 땅을 선택했어. 기름진 땅은 풍요를 약속하고, 풍요를 약속하는 땅은 사람들을 불러모으게 되어 있고, 그래서 결국 도시가 이루어지게 마련이지. 도시는 사람의 손이 닿지 않는 곳에서 저절로 만들어지는 게 아니야. 말하자면 도시는 천연림(天然林)이 아니란 말이다. 그러기에 도시는 '자연'의 반대말로 사용될 경우의 '인위(人爲)'에 바탕을 둔 가공된 산물이라고 말할 수 있어.

도시는 처음부터 하나님의 법이 아니라 인간의 지혜와 힘으로, 태어난 것이라기보다 조작된 것이라고 할 수 있지. 하나님이 '지으신 것'이라기보다 인간이 '건설한 것'이란 얘기야. 창세기 그 어디를 봐도 하나님이 도시를 지으셨다는 얘기는 없구나. 도시는 인간의 산물이거든. 맨 처음 이 땅에 도시를 건설한 사람이 누구였을까? 우리가 성경에서 찾아볼 수 있는 도시 창설자의 이름은 아우를 죽이고 고향을 쫓겨난 비극의 주인공 가인이란다.

가인이 여호와 앞을 떠나서 에덴 동쪽 놋 땅에 거주하더니 아내와 동침하매 그가 임신하여 에녹을 낳은지라 가인이 성을 쌓고 그의 아들의 이름으로 성을 이름하여 에녹이라 하니라(창세기 4:16~17)

여기 '성'이라고 번역된 히브리어 원문 '이르(ir)'는 성벽을 둘러친 성채를 가리키는 말로, '현대 도시'하고 모양은 다르겠지만 성격은 같다고 할 수 있어. 하나님의 간섭이나 도움 없이 인간의 힘만으로 살아보겠다는 교만한 의지를 그 속에 감추고 있는 거야. 이런 점에서 '에녹'을 허영과 교만의 상징인 '바벨'의 전신(前身)으로 보는 견해도 있더구나.

아무튼 롯이 선택한 것은 풍요의 땅이었고, 풍요로움은 하나님의 뜻, 곧 자연의 법과 거리가 멀 수밖에 없는 '인간의 도시'를 낳았고, 그래서 마침내 파멸이라는 비참한 종말을 맞게 되었다는 것이 성경의 얘기야. 소돔이 멸망하리라는 것을 미리 알게 된 아브라함이 어떻게든 조카 롯이 살고 있는 그곳을 구해보려고 하지만 의인(義人) 열 사람이 없어서 끝내 소돔은 파멸의 길을 가고 말지. 의인 열 사람이 없다는 얘기는 그 도시가 의인의 존재를 용납하지 않았다는 뜻 아니겠니? 사람으로 하여금 의롭게 살아갈 수 없도록 하는 사악한 제도와 풍습으로 도시는 마침내 자멸의 길을 걸어가는구나. 거기에서 살아남는 길은 도망치는 것뿐이지. 그래, 엑소더스! 바로 그거야.

> 도망하여 생명을 보존하라 돌아보거나 들에 머물지 말고 산으로 도망하여 멸망함을 면하라 (창세기 19:17)

도시에서 산(山)으로! 이것이 소돔을 파멸코자 내려온 천사의 말이었어. 그러나 이 말을 문자주의(文字主義)로 읽어서 당장 서울을 떠나 강원도 무슨 산으로 들어가라는 의미로 알아들어서는 곤란해. 성경이 말하는

'탈출'이 단순한 공간 이동을 가리키는 게 아니라는 애기는 우리가 처음부터 하지 않았니? 천사가 말하는 '도시에서 산으로'는 하나님 없이 사는 풍요로운 삶에서 하나님의 법에 따라 사는 정의로운 삶으로, 말하자면 삶의 질(質, 삶의 목적과 수단)을 바꾸라는 그런 뜻이거든.

가나안 토박이들이 섬기던 바알(Ba'al)은 인간에게 '풍요'를 약속하는 신(神)이었어. 이 사실을 염두에 둘 때, 여호와와 이스라엘의 모든 예언자들이 어째서 그토록 치열하게 바알과 싸워야 했는지 그 이유를 좀더 분명히 알 수 있을 게다.

풍요냐? 정의냐? 이 물음 앞에서 롯은 풍요를 택했고 하나님은 정의를 요구하셨던 거야.

하나님 앞에, 사람 뒤에!

성경은 하나님과 함께 길을 가는 사람들의 이야기라고 말할 수 있어. 하나님께서 사람에게 바라시는 것들 가운데 하나가 당신과 함께 겸손하게 행하는 일(미가 6:8)이거든. 사람이 하나님과 동행한다는 게 뭐겠니? 제 생각대로 제 뜻대로 마구 살아가지 않는다는 애기 아니겠어? 언제나 하나님이 앞서 가시고 그 뒤를 공손히 따라가는 거지. 다시 말하면 언제나 무슨 일에나 사람이 하나님을 앞서가지 않는다는 애기야. 하나님 뜻보다 사람 뜻을 먼저 세우고 사람의 뜻을 좇아서 살아가지 않는 거라. 알겠니?

그래서 예수님도, 누구든지 나와 함께 가고자 한다면 '자기'를 버리고 자기 십자가를 지고 나를 따라와야 한다고, 내 뒤를 따라와야 한다고 말씀하셨지. 베드로가 예수님 앞을 가로막고 자기 생각을 고집했을 때, 예수님이 예루살렘에 올라가 십자가를 진다고 하시자 그럴 수 없는 일이라고 막았을 때, 그때 예수님이 어떻게 하셨니? 누구보다 사랑하는 제자를 "사탄"이라고 부르며 "내 뒤로 물러가라"고 하시지 않았어? 제자의 자리는 선생님 앞이 아니라 뒤거든.

언제나 무슨 일이나 하나님의 뜻(명령)을 앞에 모시고 그대로 따를 것! 이것이 하나님과 동행하는 사람의 기본자세야. 중요한 얘기니까 한 번 더 되풀이하마. 하나님 앞에, 사람 뒤에! 알겠지? 따라서 만사에 하나님을 모시고 그 뒤를 따르는 사람은 한 걸음 한 걸음 조심조심 삼가면서 걷게 되는 거야. 그래서 어떨 때는 한없이 머뭇거리는 모습을 보이기도 하는 거란다. 앞을 인도하시는 하나님께서 떠나라고 하실 때까지는 떠날 수 없으니까.

> 구름이 성막 위에서 떠오를 때에는 이스라엘 자손이 그 모든 행진하는 길에 앞으로 나아갔고 구름이 떠오르지 않을 때에는 떠오르는 날까지 나아가지 아니하였으며(출애굽기 40:36~37)

그래서 중국의 노자라는 스승도 '머뭇거리면서 걷는 것'이 도인(道人)의 걸음걸이라고 했어. "옛적의 도를 잘 닦은 이는[古之善爲士者] 쉽게 알아볼 수 없지만, 억지로 그 모습을 그려보면 이와 같다. 그는 머뭇거리기를 겨울 시냇물 건너듯이 하고[豫若冬涉川, 살얼음 위를 걷듯이 한다는 뜻] 주춤거리기를 사방의 이웃을 어려워하듯이 한다[猶若畏四隣]." 한마디로 제가 제 인생의 주인인 척 앞에서 설치지 않는다는, 그러지를 못한다는 얘기야.

자, 아브라함 이야기로 돌아가자. 접때 살펴보았듯이 아브라함이 이스라엘의 위대한 조상으로 될 수 있었던 것은 하나님의 명령을 받고 그대로 순종하여 마침내 가나안에 발을 들여놓은 첫 번째 유대인이었기 때문이라고 할 수 있어. 아브라함은 하나님 명령에 무조건 복종함으로써 믿음이 어떤 것인지 그 모범을 보여준 사람이었고 그래서 '믿음의 아버지'라는 별명으로 불린다는 얘기도 지난번에 했지.

그런데 그처럼 믿음이 뛰어난 사람도 하나님의 뜻보다 자기의 생각과 판단을 앞세울 때에는, 다시 말해서 하나님의 뜻을 여쭙는 과정을 생략하고 무슨 일을 자기 생각대로 또는 다른 인간의 생각대로 해결하려고 할 때에는 반드시 그 결과가 좋지 않다는 점을 성경은 보여주는구나. 가나안의 가뭄을 피해서 애굽으로 내려갔을 때가 그랬고 조카 롯과 분쟁이 일어나 그것을 해결하려고 분가를 시도했을 때도 그랬지.

그런데도 한번 아브라함을 선택하신 하나님은 아브라함의 거듭되는 '실수'에도 불구하고 오히려 그의 실수를 이용해서 아브라함에게 더 큰 복과 깨달음을 주시는 거야. 얼마나 놀라운 하나님의 사랑이야? 바로 이 대자대비(大慈大悲)하신 하나님의 사랑이 죽을 수밖에 없는 우리를 구원해주시는구나!

롯과 분가를 하고 났을 때, 하나님은 아브라함에게 헤아릴 수 없이 많은 후손을 주마고 약속하셨어. "롯이 아브람을 떠난 후에 여호와께서 아브람에게 이르시되 너는 눈을 들어 너 있는 곳에서 북쪽과 남쪽 그리고 동쪽과 서쪽을 바라보라. 보이는 땅을 내가 너와 네 자손에게 주리니 영원히 이르리라. 내가 네 자손이 땅의 티끌 같게 하리니 사람이 땅의 티끌을 능히 셀 수 있을진대 네 자손도 세리라."(창세기 13:14~16)

이 약속을 받고 아브라함이 얼마나 좋아했겠니? 그런데 세월은 덧없이 흐르고 아브라함의 나이도 이제 여든다섯이나 된 거야. 여든다섯이면 늙은이라고 할 수 있는데 아직 아들을 낳지 못했구나. 아브라함은 초조해지기 시작했지. 아무리 위대한 믿음을 지녔다 해도 어쩔 수 없는 '인간'이었거든. 그래서 하나님께 어찌된 일이냐고, 이렇게 자식을 주시지 않으면 종의 몸에서 대를 이을 수밖에 없겠다고 여쭙자 하나님은 다시 한 번 당신의 약속을 확인하셨어. "그 사람이 네 상속자가 아니라 네 몸에서 날 자가 네 상속자가 되리라."(창세기 15:4)

이렇게 분명히 그것도 몇 번씩이나 약속을 확인해주셨지만, 나이를 자꾸만 먹어감에 따라 아브라함의 믿음도 약해져갔던 거야. 마침내 아내인 사래가 더는 하나님의 약속만 믿고 기다릴 수 없으니 자기의 몸종 하갈을 통해 자식을 보는 게 어떠냐고 제안했을 때 아브라함은 아내의 생각을 좇기로 하는구나. 보이지 않는 하나님의 약속보다 보이는 아내와 그 몸종 하갈을 믿기로 한 거지.

사래가 아브람에게 이르되 여호와께서 내 출산을 허락하지 아니하셨으니 원하건대 내 여종에게 들어가라 내가 혹 그로 말미암아 자녀를 얻을까 하노라 하매 아브람이 사래의 말을 들으니라 아브람의 아내 사래가 그 여종 애굽 사람 하갈을 데려다가 그 남편 아브람에게 첩으로 준 때는 아브람이 가나안 땅에 거주한 지 십 년 후였더라 아브람이 하갈과 동침하였더니 하갈이 임신하매……(창세기 16:2~4)

이렇게 '하나님 부재중(不在中)'에 생겨난 자식이 바로 모든 사람과 싸우며 형제와 대결하는 삶을 살아야 했던("그가 사람 중에 들나귀 같이 되리니 그 손이 모든 사람을 치겠고 모든 사람의 손이 그를 칠지며 그가 모든 형제와 대항해서 살리라"(창세기 16:12)] 불행한 사람, 이스마엘이었다는 얘기야.

열다섯 번째 강의

위대한 믿음의 승리

「히브리서」를 쓴 사람은 믿음을 '보이지 않는 것의 실상'
이라고 했지. 보이지 않는 것을 보이는 것으로 만드는 힘
이란 얘기야. 하나님은 아브라함 부부에게 아직 보이지
않는 것을 보는 힘, 곧 '믿음'을 요구하셨어.

아브라함 이야기는 이렇게 거듭되는 실수에도 불구하고 위대한 믿음의 승리로 마지막을 장식하는구나. 믿음으로 낳은 아들 이삭과 믿음으로 그 아들을 바쳐 다시 얻는 이야기가 바로 그것이지.

자, 그러면 먼저 믿음으로 아들 낳는 이야기를 살펴보기로 하자.

믿음의 열매, 이삭

아브라함 나이가 아흔아홉 살 되던 해였어. 하루는 아브라함이 한창 더운 대낮에 장막 문에 앉아 있는데 웬 나그네 셋이 다가오는 것을 보았지. 나그네를 보자 아브라함은 장막 문에서 뛰어나가 그들을 영접했어. 이 대목의 성경을 읽어보기로 하자.

> 여호와께서 마므레의 상수리나무들이 있는 곳에서 아브라함에게 나타나시니라 날이 뜨거울 때에 그가 장막 문에 앉아 있다가 눈을 들어 본즉 사람 셋이 맞은편에 서 있는지라 그가 그들을 보자 곧 장막 문에서 달려나가 영접하며 몸을 땅에 굽혀 이르되 내 주여 내가 주께 은혜를 입었사오면 원하건대 종을 떠나 지나가지 마시옵고 물을 조금 가져오게 하사 당신들의 발을 씻으시고 나무 아래에서 쉬소서 내가 떡을 조금 가져오리니 당신들의 마음을 상쾌하게 하신 후에 지나가소서 당신들이 종에게 오셨음이니이다 그들이 이르되 네 말대로 그리하라 아브라함이 급히 장막으로 가서 사라에게 이르되 속히 고운 가루 세 스아를 가져다가 반죽하여 떡을 만들라 하고 아브라함이 또 가축 떼 있는 곳으로 달려가서 기름지고 좋은 송아지를 잡아 하인에게 주니 그가 급히 요리한지라 아브라함이 엉긴 젖과 우유와 하인이 요리한 송아지를 가져다가 그들 앞에 차려 놓고 나무 아래에 모셔 서매 그들이 먹으니라 (창세기 18:1~8)

말하자면 아브라함은 길 가는 나그네 셋을 영접하여 극진한 정성으로 대접을 했던 거야. 그런데 바로 그 나그네들이 그냥 나그네가 아니라 소돔과 고모라를 멸망시키라는 명령을 받고 내려온 하나님의 천사였더구나. 천사들은 짐짓 소돔과 고모라 얘기를 속에 감추고 아브라함의 호의를 받아들였어.

그런데 그 천사들에게는 또 다른 사명이 있었지. 그 사명이란 다름 아니라 아브라함에게 아들이 태어날 것을 미리 알려주는 일이었어.

> 그들이 아브라함에게 이르되 네 아내 사라가 어디 있느냐 대답하되 장막에 있나이다 그가 이르시되 내년 이맘때 내가 반드시 네게로 돌아오리니 네 아내 사라에게 아들이 있으리라 하시니 사라가 그 뒤 장막 문에서 들었더라 아브라함과 사라는 나이가 많아 늙었고 사라에게는 여성의 생리가 끊어졌는지라 사라가 속으로 웃고 이르되 내가 노쇠하였고 내 주인도 늙었으니 내게 무슨 즐거움이 있으리요 여호와께서 아브라함에게 이르시되 사라가 왜 웃으며 이르기를 내가 늙었거늘 어떻게 아들을 낳으리요 하느냐 여호와께 능하지 못한 일이 있겠느냐 기한이 이를 때에 내가 네게로 돌아오리니 사라에게 아들이 있으리라 사라가 두려워서 부인하여 이르되 내가 웃지 아니하였나이다 이르시되 아니라 네가 웃었느니라(창세기 18:9 ~15)

하나님께서는 왜 이렇게 아브라함이 늙어 할아버지가 되고 사라는 할머니가 될 때까지, 그래서 두 사람이 더는 자식 낳을 희망을 품을 수 없게 될 때까지 기다렸다가 그제야 아들을 주시마고 약속하시는 걸까?

이 질문은 다음과 같은 경우를 상상해보면 쉽게 대답을 짐작할 수 있을 게다.

만일 아브라함과 사라가 젊어서 얼마든지 자식 낳을 '가능성'이 살아 있을 때에 하나님께서 "내가 너희에게 자식을 주겠다"고 하셨다면, 그래서 자식을 낳았다면, 과연 그 자식을 오직 하나님의 은총으로 말미암아 얻은 자식이라고 생각했을까? 말로는 그렇게 할 수 있었겠지만 속으로는 자기네 힘으로 자식을 낳았다고 생각하지 않았겠니? 바로 이것 때문에, 아브라함이 아들 이삭을 순전히 하나님이 주신 하나님의 것이라고 생각하지 않고 조금이라도 자기의 것이라고 생각할까봐서, 그래서 하나님은 인간의 수단으로 도저히 이를 수 없는 지경까지, 이를테면 자신들에 대한 완전한 절망의 경지에까지 두 사람을 밀어 넣으신 게 아닐까?

「히브리서」를 쓴 사람은 믿음을 '보이지 않는 것의 실상'이라고 했지. 보이지 않는 것을 보이는 것으로 만드는 힘이란 얘기야. 하나님은 아브라함 부부에게 이미 자식을 기대할 수 없는 절망 속에서 아직 보이지 않는 것을 보는 힘, 곧 '믿음'을 요구하셨어.

여기서 다시 한 번 아브라함과 그 아내 사라의 대단한 '믿음'을 우리는 보게 되는구나! 내년 봄에 이루어질 약속만 믿고, 아직은 눈에 보이지 않는 10개월 뒤의 자식을 보면서, 그들은 그날 밤 함께 잠자리에 들었던 거야. 아이 낳을 모든 가능성이 바닥나 버린 그 늙은 몸으로 말이다!

아브라함 부부에게 이 '믿음'이 없었다면 아무리 하나님의 약속이라도 이루어질 수 없었겠지. 이삭은 바로 이 위대한 믿음의 열매였어.

이삭과 이스마엘

아브라함의 믿음은 마음으로 어떤 사실을 인정하는 것에 그치지 않고 몸으로 실천하는 것이었어. 믿음이란 단어 자체가

'믿는다'는 움직씨에서 나온 말 아니냐? 그러니 마음으로만 믿는다는 건 사실 있을 수 없는 일이지. 입술로 아무리 "믿습니다"를 외쳐도 실천이 따르지 않으면 그건 '믿음'이 아니거든. 야고보 사도의 말을 들어보렴.

> 내 형제들아 만일 사람이 믿음이 있노라 하고 행함이 없으면 무슨 유익이 있으리요 그 믿음이 능히 자기를 구원하겠느냐 만일 형제나 자매가 헐벗고 일용할 양식이 없는데 너희 중에 누구든지 그에게 이르되 평안히 가라, 덥게 하라, 배부르게 하라 하며 그 몸에 쓸 것을 주지 아니하면 무슨 유익이 있으리요 이와 같이 행함이 없는 믿음은 그 자체가 죽은 것이라(야고보서 2:14~17)

아브라함은 하나님의 천사가 와서 내년 봄에 네가 아들을 낳을 것이라고 말했을 때에, "아멘, 믿습니다!" 하고 그냥 가만히 있지 않았어. 이제는 인간의 상식으로 볼 때 도저히 자식을 낳을 수 없는 몸으로 아내와 한자리에 들었단 말이다. 바로 그것이 아브라함의 믿음이었다는 얘기야.

아브라함에게 '믿음'은 하나님의 말씀에 순종하는 것이었어. 자기의 생각이나 판단을 내세우지 않고 하나님의 명령을 그대로 따르는 거야. 아무런 조건 없이! 하나님께서는 바로 그 믿음을 통해서 약속을 이루시는구나.

> 여호와께서 말씀하신 대로 사라를 돌보셨고 여호와께서 말씀하신 대로 사라에게 행하셨으므로 사라가 임신하고 하나님이 말씀하신 시기가 되어 노

년의 아브라함에게 아들을 낳으니 아브라함이 그에게 태어난 아들 곧 사라가 자기에게 낳은 아들을 이름하여 이삭이라 하였고 그 아들 이삭이 난 지 팔 일 만에 그가 하나님이 명령하신 대로 할례를 행하였더라 아브라함이 그의 아들 이삭이 그에게 태어날 때에 백 세라(창세기 21:1~5)

아들 이삭을 얻었을 때 아브라함 내외의 기쁨이 어떠했겠니? 그런데, 세상일이란 게 본디 좋은 일이 있으면 그 때문에 나쁜 그늘이 생기게 마련이라. 이삭의 출생으로 말미암아 15년 전 사라의 몸종 하갈이 낳은 이스마엘에게는 슬픈 운명이 다가오는구나. 이삭이 젖을 뗄 때가 되자 사라는 배다른 형 이스마엘이 상속자가 될 수 없다면서 하갈 모자(母子)를 내쫓으라고 남편에게 졸라댔던 거야. 아브라함은 마음이 켕겼지만 아내의 청을 거절할 수 없었어. 마침내 이스마엘은 어머니와 함께 추방되어 사막에서 사냥을 하며 살게 되었지. 바로 그 이스마엘의 후손이 나중에 아랍 민족과 혈연관계를 맺었다는 주장(_요세푸스, 1세기 유대인 역사가)도 있단다.

하나님은 아브라함이 내쫓은 하갈과 이스마엘을 살려주시고 보호하셨어.

…… 하갈이 나가서 브엘세바 광야에서 방황하더니 가죽부대의 물이 떨어진지라 그 자식을 관목덤불 아래에 두고 이르되 아이가 죽는 것을 차마 보지 못하겠다 하고 화살 한 바탕 거리 떨어져 마주 앉아 바라보며 소리 내어 우니 하나님이 그 어린 아이의 소리를 들으셨으므로 하나님의 사자가 하늘에서부터 하갈을 불러 이르시되 하갈아 무슨 일이냐 두려워하지

말라 하나님이 저기 있는 아이의 소리를 들으셨나니 일어나 아이를 일으켜 네 손으로 붙들라 그가 큰 민족을 이루게 하리라 하시니라 하나님이 하갈의 눈을 밝히셨으므로 샘물을 보고 가서 가죽부대에 물을 채워다가 그 아이에게 마시게 하였더라 하나님이 그 아이와 함께 계시매 그가 장성하여 광야에서 거주하며 활 쏘는 자가 되었더니 그가 바란 광야에 거주할 때에 그의 어머니가 그를 위하여 애굽 땅에서 아내를 얻어 주었더라(창세기 21:14~21)

여기서 다시 우리는 사람이 저지른 일을 치다꺼리하시는 하나님의 모습과 만나게 되는구나. 하나님한테는 이 땅의 그 누구도 끝내 버리고 말 대상이 아니거든. 성경에는 하나님한테서 버려진 사람들 이야기도 없지 않아 있다만 사실은 하나님이 그들을 버리기 전에 그들이 먼저 하나님과 자신을 버렸던 거야. 이건 중요한 얘기니까 거듭 말해야겠다. 하나님께서는 당신의 피조물 가운데 어느 하나도 소홀히 여기거나 함부로 여기지 않으신단다. 왜냐하면 이 세상에 있는 모든 것(萬有)이 그 속에 하나님을 모시고 있기(에베소서 4:6) 때문이야.

그래서 노자는 말하기를, "성인(聖人)은 언제나 사람을 잘 구(救)하니 그런 까닭에 사람을 버리는 일이 없고, 언제나 물건을 잘 구하니 그런 까닭에 물건을 버리는 일이 없다(是以聖人常善救人 故無棄人 常善救物 故無棄物)"고 했어. 노자가 말하는 성인이란 하나님 법대로 살아가는 사람을 가리킨다고 할 수 있지. 하나님을 가장 가깝게 닮은 사람이라고 할까?

하나님은 이스마엘을 버리실 수 없었어. 아브라함으로서는 이삭이 태어나매 이스마엘을 내쫓을 수밖에 없었겠지만 하나님한테는 이삭도 이스마엘도 비록 그들이 갈 길은 달랐으나, 둘 다 버릴 수 없는 자식이었거든.

철저한 순명

이제 아브라함이 백 살에 얻은 아들 이삭을 하나님께 바치는 이야기로 우리의 긴 이야기를 일단락 지어야겠다. 아브라함 이야기는 이렇게 믿음에서 출발하여 믿음으로 마치는구나. 과연 그를 '믿음의 조상'이라고 부를 만도 하지.

접때도 얘기했지만 아브라함이 우리에게 보여준 '믿음'이란 아무것도 보장되지 않은 미래를 향해 조건 없이 내어 딛는 발걸음과도 같은 것이야. 이런저런 계산을 해보고 확실하다는 보장을 얻은 다음 걸어가는 발걸음이 아니지. 말하자면 하나님의 보이지 않는 약속을 믿고 안개 속과도 같은 허공에 자신의 온몸을 내어 던지는 것이라고 할까? 야보(治父) 선사(禪師)의 시에 이런 구절이 있더구나.

> 나뭇가지 붙잡고 매달리는 것은 신통치 못한 일이요
> 깎아지른 벼랑에서 손을 탁 놓는 자가 과연 사나이로다
> 〔得樹攀枝未足奇, 懸崖撒手丈夫兒〕

아브라함이야말로 야보가 말한 '장부아(丈夫兒)'였어. 백 살에 겨우

얻은 이삭을 하나님께 번제물로 바치는 그의 모습은 과연 깎아지른 벼랑에서 손을 놓아버리는 호쾌한 태도 아니냐? 자신의 삶과 죽음을 송두리째 내어 던지는 용기 없이는 아무도 보여줄 수 없는 모습이지. 바로 이것을, 자신의 삶에 조금도 미련을 두지 않는 삶의 태도를, 하나님께서는 아브라함에게 요구하셨던 거야. 앤소니 드 멜로(Anthony de Mello) 신부님이 쓰신 글에 "사느냐 죽느냐가 전혀 문제 되지 않기까지는 사는 게 아니다"라는 말이 있더구나. 삶에 너무 집착하여 아옹다옹하는 것이 오히려 사람을 사람답게 살지 못하도록 한다고 노자도 말씀하셨어. 예수님께서도 같은 뜻으로 이렇게 말씀하셨지.

> 아버지나 어머니를 나보다 더 사랑하는 자는 내게 합당하지 아니하고 아들이나 딸을 나보다 더 사랑하는 자도 내게 합당하지 아니하며(마태복음 10:37)

> 무릇 내게 오는 자가 자기 부모와 처자와 형제와 자매와 더욱이 자기 목숨까지 미워하지 아니하면 능히 내 제자가 되지 못하고(누가복음 14:26)

이게 무슨 말씀이겠니? 하나님을 믿는 사람은 자신과 자신의 소유물까지 모두를 그분에게 말 그대로 내어 맡겨야(바쳐야) 한다는 뜻이야. 그에게는 아무것도 그의 것이라고 할 게 없거든. 다른 말로 하면 눈곱만큼도 자기 뜻대로 하고자 해서는 안 된다는 거야. 이런 것을 '철저한 순명(順命)'이라고 해. 하나님은 아브라함에게 마지막으로 철저한 순명을 요구하셨어. 아들 이삭을 모리야 땅의 어느 산꼭대기에서 번제물로 바치라고 명령하신 거야. 번제란 산 짐승을 죽여서 불에 태워 바치는 제사를 말하지. 그러니까 시방 하나님께서는 아브라함에게, "네 자식을 죽여서 불에 태우라" 하고 명령하신 거란다. 이삭이 어떻게 해서 얻은 자식인데 글쎄 그걸 잡아 바치라는구나.

아브라함은 아마도 하나님의 명령을 듣는 순간 기가 막혔을 게다. 그러나 그는 하나님의 말씀대로 따를 것을 각오했어. 하나님께서 주신 것을 바치라고 하는데 달리 어떻게 하겠니? 아브라함은 하나님께 순종하는 것 말고 다른 대안(代案)이 자기에게 없다는 사실을 잘 알았던 거야. 자기가 만일 거절한다 해도 하나님께서는 얼마든지 이삭을 자기한테서 데려가실 수 있다는 사실을 알았던 거지. 창조주 앞에 선 피조물의 어쩔 수 없는 절망! 바로 여기서부터 위대한 믿음의 행진은 출발하게 되는구나.

아들 이삭에게 그를 태울 장작을 지우고 아브라함은 산 위로 올랐어. 아들이 물었지. "불과 나무는 있거니와 번제할 어린양은 어디 있나이까." 억장이 무너지는 심정으로 아버지가 대답하는구나. "번제할 어린양은 하나님이 자기를 위하여 친히 준비하시리라." 이런 대화를 주고받는 순간 아브라함은 아들을 죽여 번제물로 바친 다음 그 자리에서 자기의 목숨까지 끊어버릴 생각을 속에 품었는지도 모르겠구나. 하긴 아들의 몸에 칼을 꽂는 순간 이미 그는 죽은 몸이었겠지. 자기 생명을 포기하지 않고 어떻게 자식을 제 손으로 죽일 수 있겠니? 이삭을 죽이라는 하나님의 명령은 너 자신을 죽이라는 그런 뜻 아니겠어? 이렇게 '자기'를 죽이지 않고서는, 자기가 목숨보다 더 소중하게 여기는 것을 버리지 않고서는, 따를 수 없는 것이 하나님의 명령이라는 얘기로구나.

"자기 십자가를 지고 나를 따르지 않는 자도 내게 합당하지 아니하며." (마태복음 10:38) 자기 십자가를 진다는 게 무슨 말이겠니? 자기를 십자가에 매단다는 뜻 아니겠어? 그러니까 자기를 스스로 죽인다는 거야. 날마다 스스로 죽지 않으면 따라갈 수 없는 길! 그게 바로 주님의 길이요 하나님 아버지의 길이구나. 앞의 "자기 십자가를 지고 나를 따르지 않는 자"를 "자기 십자가를 지지 않고 나를 따라오는 자"(He that taketh not his cross and followeth after me—K. J. V.*)로 번역할 수도 있는데 내 생각에는 나중의 것이 더 옳은 번역 같구나. 세상에는 주님과 동행한다고 하면서, 주님의 뒤를 따른다고 하면서, 자기를 죽이기는커녕 오히려 더욱 시퍼렇게 살아 설치는 엉터리 신자들이 많이 있거든.

아브라함은 이삭을 바치라는, 네가 목숨보다 더 소중하게 여기는 자식을 바치라는, 하나님 명령에 한마디 항의나 질문도 없이 순종했어. 이것이 바로 "나를 위하여 자기 목숨을 잃는"(마태복음 10:39) 자의 모습 아니겠니? 주님은 그런 사람이 진짜 생명을 얻는다고 말씀하셨지. 아브라함이 칼로 아들을 찌르려는 순간, 하늘에서 큰 음성이 들리는구나.

"아브라함아! 그 아이에게 네 손을 대지 말라!"

---

* K. J. V. — The King James Version, 잉글랜드 왕 제임스 1세의 후원을 받아 출판된 영어 성경 (편집자 주)

돌아가는 사람들

하나님께서는 아브라함이 아들을 죽이는 자리까지 순명하는 것을 보시고, "그 아이에게 네 손을 대지 말라. 그에게 아무 일도 하지 말라. 네가 네 아들 네 독자까지도 내게 아끼지 아니하였으니 내가 이제야 네가 하나님을 경외하는 줄을 아노라"(창세기 22:12) 하고 말씀하셨어. 하나님은 정말로 이삭을 죽이시려던 것이 아니라 아브라함의 믿음을 시험해보신 것이었거든. 그러나 처음부터 "이것은 시험이다" 하고 일러주시지는 않았지. 그것이 시험인 줄 모르고 받아야 그게 진짜 시험 아니겠니? 이런지 저런지 알아보자는 게 시험이니까.

아브라함은 정말로 아들을 죽이려고 했던 거야. 아니, 이삭을 데리고 모리아 땅을 향해 길을 떠날 때 이미 마음속으로는 그를 버렸다고 봐야겠지. 아브라함이 아들을 버렸을 때 하나님께서는 네가 아들을 나에게 "바쳤다"(『공동번역성서』)고 말씀하시는구나. 우리가 하나님께 향해 서서 자신과 부모, 처자와 재물을 버리면 말 그대로 '버리는' 것이 아니라 하나님께 '바치는' 것이라는 그런 얘기야.

하나님은 누구시냐? 아브라함을 있게 하신 분이지, 아브라함을 있게 하신 분이니까 아브라함의 아버지지. 이삭은 누구냐? 아브라함의 아들이니까 아브라함이 있게 한 존재지. 따라서 아브라함이 하나님께로부터 "아들 이삭을 바치라"는 명령을 들었을 때 그는 '아들'을 죽여 '아버지'에게 바치라는 명령을 들은 셈이 되는 거야.

'나'를 중간에 세우고 보면, 아버지는 나를 있게 한 뿌리[本]요, 아들은 내가 있게 한, 나로 말미암아 생겨난, 가지(末)라고 볼 수 있지 않겠니? 여기서 하나님은 '가지'를 '뿌리'에게 바치라고 명령하시는 거야. 바로 그것이 사람으로 하여금 사람답게 존재할 수 있도록 하는 비결이거든.

모든 개울이 바다를 바라고 흐르는 것은 바다가 개울의 뿌리(근본)이기 때문이지. "모든 것들이 끊임없이 바뀌지만 저마다 제 뿌리로 돌아간다(夫物芸芸, 各復歸其根)"고 노자도 말씀하셨어. 나뭇잎이 낙엽 되어 어디로 가던? 제 뿌리한테로 돌아가는 거야. 그게 바로 '존재의 원리'라는 거지. 뿌리는 모든 것의 시작이면서 끝이야. 모든 것이 거기에서 나왔다가 거기로 돌아가는구나. 그래서 하나님은 당신을 알파와 오메가, 처음과 나중이라고 하셨어. 그 뿌리(宗)로 돌아가는 길(道)을 가르치는 것이 곧 종교(宗敎)지.

그런데 그것이 자기를 버리지 않고서는 이루어질 수 없다는구나. 낙엽이 가지에서 툭 하고 떨어지지 않고서는 제 뿌리한테로 갈 수가 없거든. 이를 두고 예수님은 "자기를 버려야 산다"고 말씀하신 거야. 개울이 바다로 흐르기를 멈춘다면 어찌 되겠니? 당장 말라버리겠지. 썩어서 죽은 물이 되든지. 하나님께서 아브라함에게 아들을 바치라고 명령하신 것은 너와 네 아들이 영원토록 죽지 않고 살 길을 택하라는 그런 말씀이었어.

자, 한번 생각해보자. 아들을 바치라는 하나님의 명령을 아브라함이 거역했다면 결과가 어떻게 되었을까? 바로를 보면 미루어 짐작할 수 있겠지. 그는 이스라엘 백성을 종살이에서 풀어주어 자기네 하나님께 예배드릴 수 있도록, 달리 말하면 자기네 하나님께 돌아갈 수 있도록 하라는 명령을 거역한 결과 자기 맏아들을 포함하여 애굽의 모든 맏아들을 죽이고 말았지. 아브라함도 마찬가지로 이삭을 살리려다가 이삭과 함께 자신까지 영원한 죽음의 침묵 속에 묻어버리지 않았을까? 예수님 말씀대로 살고자 하는 자는 죽고 죽는 자는 사는 게, 그게 하늘이 마련하신 삶의 원리거든.

이 삶의 원리를 좇아서 살아가는 것이 곧 영생(永生)의 도(道)라는 얘기야. 하나님께서 이삭을 바친 아브라함에게 약속하셨지.

> 내가 나를 가리켜 맹세하노니 네가 이같이 행하여 네 아들 네 독자도 아끼지 아니하였은즉 내가 네게 큰 복을 주고 네 씨가 크게 번성하여 하늘의 별과 같고 바닷가의 모래와 같게 하리니 네 씨가 그 대적의 성문을 차지하리라 또 네 씨로 말미암아 천하 만민이 복을 받으리니 이는 네가 나의 말을 준행하였음이니라(창세기 22:16~18)

이것으로 '탈출'을 주제로 해서 살펴본 출애굽 역사와 족장들 이야기를 일단 마감하기로 하자.

거듭 말하지만 성경이 말하는 '탈출'은 단순한 공간 이동이 아니야. 그것은 사람이 달라지는 것이요, 세상이 변혁되는 것이요, 다른 식으로 말하면 모든 가지(末)가 뿌리(本)로 돌아가는 성스런 운동에 참여하는 것이지.

돌아감이 도(道)의 움직임이라는 말이 있어(反者, 道之動-노자). 근본으로 돌아가는 것이 바로 도(道)라는 얘기야. 모세와 그의 백성이 선조의 땅 가나안으로 돌아가는 이야기, 족장들(아브라함, 이삭, 야곱)이 저마다 하나님이 약속해주신 미래의 땅 가나안으로 돌아가는 이야기, 이 모든 이야기 속에서 존재의 근원이신 하나님께로 돌아가는 우리 자신의 모습을 발견할 수 있다면 참 좋겠구나!